L'ICÔNE DES TRENTE GLORIEUSES

LA CITROËN 2CV

SERGE BELLU

L'auteur souhaite remercier chaleureusement Ariane Audouin-Dubreuil pour sa contribution et le partage de ses souvenirs. Auteure d'un remarquable ouvrage sur la Croisière jaune, elle a enrichi ce récit en rappelant l'attachement de son père, Louis Audouin-Dubreuil, à la 2 CV. Les anecdotes et images fournies par Marie et Adrien Christian à propos de l'itinéraire de la 2 CV de Louis Audouin-Dubreuil ont également enrichi cet ouvrage et nous les remercions pour leur collaboration.

Un grand merci aussi à Céline Adida qui chez Glénat a assuré la liaison avec les intervenants extérieurs et qui a mené la réalisation de l'ouvrage.

Pour ce qui concerne l'iconographie, un grand nombre des photos illustrant ce livre ont été diffusées par la direction de la communication de Citroën au cours de la vie commerciale de la 2 CV.

À ce titre, il convient de rendre hommage à deux personnalités qui ont créé et animé ce département pendant de longues années, Jacques Wolgensinger et Jean-Paul Cardinal. Par leur connaissance et leur enthousiasme, ils ont entretenu la mémoire de l'histoire de la marque à une époque où la sauvegarde du patrimoine n'était pas encore une préoccupation majeure.

Les autres documents d'archives illustrant ce livre proviennent des archives de l'agence Grand Tourisme S.A.S., du fonds René Bellu ou de la collection personnelle de l'auteur.

Édité par : Éditions Glénat, 2021

Éditions Glénat
Couvent Sainte-Cécile
37, rue Servan
38000 GRENOBLE
www.glenat.com

Textes : Serge Bellu
L'iconographie de l'ouvrage vient des archives de l'auteur à l'exception des visuels suivants : 70 et 71b collection Etienne et Marie Christian, page 71hg et hd collection Ariane Audouin-Dubreuil, 153 Kojiro Imamura.
Correction : Olivier Godefroy
Conception graphique et mise en page : Stéphanie Boulay
Prépresse et fabrication : Glénat Production

Achevé d'imprimer en Espagne en septembre 2021 par Indice S.L.

Le papier utilisé pour la réalisation de ce livre provient de forêts gérées de manière durable.
Dépôt légal : septembre 2021
ISBN : 978-2-344-04953-2

PEFC PEFC/14-38-00202 / www.pefc.es

L'ICÔNE DES TRENTE GLORIEUSES

LA CITROËN 2CV

SERGE BELLU

Glénat

3554 ME 92

CITROËN 2 CV L'ICONOCLASTE

La 2 CV est un phénomène dans l'histoire de l'automobile. Elle ne ressemble à aucune autre de ses contemporaines.
Génération spontanée, elle a été imaginée à partir d'une page blanche au cours des années 1930, puis elle dut attendre le lendemain de la Seconde Guerre mondiale pour voir le jour et commencer sa vie publique. Elle a vécu à contre-courant tout au long de sa carrière pour finalement disparaître quarante-deux ans plus tard sans laisser d'héritière.

La 2 CV n'a jamais eu d'équivalent dans la production mondiale, même si souvent la quête du minimalisme a pu inspirer la réflexion des designers. Elle a fièrement entretenu sa différence, ignoré les modes, assumé sa marginalité, revendiqué sa désuétude, préservé son authenticité. Alors que l'industrie cherche toujours, par nature, à séduire les consommateurs, à cultiver leur désir, à exalter le paraître, à s'inscrire dans les tendances les plus flatteuses, la 2 CV a résisté à toutes les tentations et refusé les compromissions. En cela, elle s'est montrée résolument iconoclaste.

La 2 CV a traversé plus de quatre décennies en gardant sa silhouette intemporelle, en touchant tous les milieux et toutes les générations, en balayant toutes les classes sociales et en circulant sous toutes les latitudes.

De nombreux ouvrages de référence ont déjà décrit la 2 CV, ses exploits, ses variantes, ses caractéristiques techniques et ses successives modifications. Ce n'est pas ici notre objet. Au-delà de la 2 CV elle-même, nous vous invitons à découvrir le contexte dans lequel elle a évolué, à entrevoir l'environnement dans lequel elle a parcouru ces années que l'on nomme les Trente Glorieuses, nous vous invitons à observer comment la 2 CV a transgressé les codes, déambulé dans cette société qui s'est transformée sur les plans économique et géopolitique et avec quelle opportunité elle a assimilé les métamorphoses de nos styles de vie.

En filigrane, on aperçoit, immuable, l'allure dégingandée de la 2 CV accompagnant des mutations qu'elle a éclairées de son impertinence.

Au cours de son existence, la 2 CV a réussi à séduire tous les publics sans changer de silhouette.

Après avoir conquis les campagnes, la 2 CV a attiré des clientèles plus urbaines et plus jeunes.

SOMMAIRE

LES ANNÉES TRENTE

GENÈSE D'UNE ICÔNE

Dans la grande aventure des automobiles Citroën, la 2 CV est à la charnière de deux époques : entre l'éviction d'André Citroën et l'avènement de Michelin. Développée au cours des années 1930, la 2 CV symbolise aussi les mutations de la société, déchirée entre les effets de la crise économique et la menace du conflit mondial.

À partir de 1925, le nom de Citroën a scintillé sur la tour Eiffel, symbole de panache pour ses laudateurs et de mégalomanie pour ses détracteurs.

CITROËN

LE PANACHE ET L'ESQUIVE

P*aris, mercredi 3 juillet 1935.*
Un calme pesant envahit le hall d'entrée de la clinique Georges Bizet. Pas un visiteur à l'horizon. Il est à peine 9 heures du matin. Dans l'espace désert, un claquement de talons martèle le silence ; un médecin s'éloigne. Dehors, dans la torpeur de l'été, une même tranquillité enveloppe le quartier. Ambassades et musées somnolent encore.

La clinique se trouve à l'angle des rues de Chaillot et Bizet, au cœur du XVIe arrondissement de Paris. Deux infirmières chuchotent. La rumeur se répand. André Citroën s'est éteint pendant la nuit.

Les épreuves morales et physiques ont eu raison de ce personnage majeur de l'industrie française dont l'aventure automobile avait démarré seize ans auparavant. André Citroën a été visionnaire sur de multiples plans. Il a lancé la « première voiture française produite en grande série », livrée complète et standardisée. Il a été fasciné par l'Amérique où il s'est souvent rendu et dont il s'est inspiré pour les méthodes de production et les innovations technologiques. Il a développé sa stratégie commerciale autour d'opérations publicitaires spectaculaires et osé des aventures humaines et scientifiques exceptionnelles au fil de ses croisières en Afrique, en Amérique et en Asie.

André Citroën était hospitalisé depuis le 18 janvier. Il avait minutieusement préparé la dernière soirée passée la veille dans son appartement de la rue Octave Feuillet. En fin d'après-midi, il avait donné ses instructions à Georges, son valet de chambre. « *Vous apporterez le foie gras, vous ferez chambrer un Château Latour 1921, et vous mettrez un magnum de Pommery dans la glacière. Vous sortirez les services de réception...* » André Citroën avait invité son épouse et trois de ses enfants à le rejoindre à 20 heures 15 pour une déclaration solennelle : « *J'ai tout perdu ! Je ne possède plus une seule action de la société anonyme André Citroën. [...] Dès que ma santé le permettra, c'est-à-dire à la fin de l'hiver, je repartirai de zéro, ou plus exactement je lancerai une nouvelle affaire avec deux associés dont vous connaissez les noms : Ettore Bugatti, Adolphe Kégresse. [...] Mon vieil ami Gabriel Voisin nous apportera au besoin une aide technique.* »

André Citroën dans les années 1920, au sommet de sa gloire.

Avec la 10 CV, en 1924, Citroën a été un pionnier de la carrosserie tout acier en France en exploitant le brevet américain d'Edward G. Budd.

Avec la Croisière Noire organisée en 1924 et 1925, Citroën répand son image sur le continent africain et ouvre la voie aux communications.

André Citroën lève sa coupe de champagne, l'approche de ses lèvres et les humecte. Il transpire. S'écroule sur son fauteuil. Épuisé. L'homme affaibli souffre d'un cancer à l'estomac.
Le lendemain, une ambulance le conduit à la clinique Bizet. Après trois mois de traitement, une lueur d'espoir : les médecins notent une légère amélioration, au point de tenter une nouvelle intervention chirurgicale le 9 mai. En vain.

Le 4 juillet 1935, *L'Intransigeant* annonce la disparition d'André Citroën. Juste une nouvelle brève. Depuis plusieurs mois déjà, chez Citroën, l'homme fort n'est plus André Citroën mais Pierre Michelin.

LE DÉCLIN

La situation de l'entreprise n'a cessé de se dégrader au cours des dernières années sous la gestion d'André Citroën. Du 29 mars au 5 mai 1933, une grève paralyse la production. Elle a été déclenchée par l'annonce d'une baisse des salaires qui s'élève jusqu'à 30 % pour certains postes. Forcément, la mesure passe mal auprès des syndicats, d'autant qu'André Citroën n'a jamais caché son goût du faste et du jeu. Une réputation qu'il convient toutefois de tempérer car, comme le rappelle Jacques Wolgensinger, éminent historien de la marque, il n'y a jamais eu de confusion entre la fortune personnelle des Citroën et les finances de la société.

N'empêche qu'à la demande de plusieurs intellectuels appartenant au groupe Octobre, d'obédience marxiste, Jacques Prévert écrit un texte ravageur sur André Citroën...
À la porte des maisons closes / C'est une petite lueur qui luit / Quelque chose de faiblard, de discret / Une petite lanterne, un quinquet / Mais sur Paris endormi, une grande lueur s'étale / Une grande lueur grimpe sur la tour / Une lumière toute crue / C'est la lanterne du bordel capitaliste / Avec le nom du tôlier qui brille dans la nuit / Citroën! Citroën!

La colère monte encore en raison des dépenses consenties pour moderniser l'outil industriel et agrandir le site du quai de Javel à Paris. La direction justifie cette reconstruction par la nécessité d'augmenter la capacité de production. Limitée à cinq cents voitures par jour, il faudra la porter à huit cents après le lancement des Traction Avant.

Ce grand dessein d'André Citroën se réalisera contre vents et marées. Le 8 octobre 1933, plus de six mille trois cents invités assistent à l'inauguration des nouvelles installations. Les travaux ont été achevés en un temps record bien qu'il fallût démolir des bâtiments, creuser le sol, créer un soubassement, couler une multitude de pieux en béton, et élaborer une gigantesque charpente métallique pour créer de nouveaux ateliers.

Ces dépenses excessives tombent au plus mal alors que l'Europe commence à subir le contrecoup de la crise économique mondiale partie de Wall Street.

La reconstruction des usines du quai de Javel démarre au printemps 1933.

L'outil de production de Citroën a été réaménagé pour accueillir la production de la Traction Avant en 1934.

En 1935, Michelin met la main sans ménagement sur l'affaire d'André Citroën.

De part et d'autre de l'Atlantique, le krach boursier engendre une Grande Dépression, avec son cortège de faillites et de chômage. Elle touche les côtes européennes en 1933. En France, l'industrie automobile sombre de 253 000 à 168 000 exemplaires. Dans le même temps, la production d'acier baisse de 40 % entre 1930 et 1935. Pour survivre, beaucoup de constructeurs doivent se reconvertir ou se restructurer. Hispano-Suiza recentrera ses activités sur l'aéronautique, Rochet-Schneider et Berliet se replieront sur la production de véhicules industriels, Delage fusionnera avec Delahaye, Voisin sera repris par des financiers belges ; sans compter toutes les marques qui disparaissent corps et biens au cours de la décennie.

Citroën n'échappe pas à la tourmente. La marque compte sur la Traction Avant qui sera lancée en mai 1934, mais en attendant, il faut surmonter les déconvenues financières.

Le 28 février 1934, les banquiers refusent d'accorder un nouveau crédit à l'entreprise. André Citroën n'a plus d'autre solution que de se tourner vers un de ses créanciers, Michelin. Pour endiguer le déficit, le manufacturier de pneumatiques pose ses conditions, impose des mesures radicales : compression de postes, réduction des frais généraux, rationalisation de la production. Citroën est acculé : le 22 novembre 1934, il signe un protocole d'accord qui prévoit « *le contrôle des représentants qualifiés de la société Michelin […] d'une manière permanente et absolue sur toutes les opérations accomplies par la société Citroën et dans tous les domaines de son activité* ». Le pouvoir échappe à André Citroën… Le 15 décembre, il dépose le bilan de sa société puis cède ses actions à Michelin. Le 31 janvier 1935, André Citroën démissionne de ses fonctions d'administrateur délégué. Évincé, malade, il ne survivra que quelques mois à l'affront.

SUR FOND DE FRONT POPULAIRE

La crise économique affecte toutes les classes de la société. Le chômage augmente et favorise la montée des extrémismes. Une émeute éclate à Paris le 6 février 1934, mettant en évidence la progression de l'antiparlementarisme qu'alimentent plusieurs scandales impliquant des hommes politiques. En réplique à ce mouvement sanglant, ancré à droite, la gauche déclenche une grève générale et se rassemble pour réagir à ce qu'elle considère comme une menace contre les institutions républicaines. Une alliance électorale réunit les socialistes, les communistes et les radicaux. Au deuxième tour des élections législatives du 3 mai 1936, le scrutin donne la majorité à ce Front populaire. Un mois plus tard, les accords de Matignon instituent la semaine de quarante heures et les deux semaines de congés payés. Le 4 juin, Léon Blum constitue un gouvernement socialo-radical qui crée un secrétariat d'État aux Loisirs et aux Sports.

Le Front populaire remporte les élections législatives en mai 1936.

Ces mesures vont avoir un impact sur la vie quotidienne des Français et devraient, en théorie, infléchir l'usage de l'automobile. Pourtant, dans ce contexte, la question se pose : la population française dispose-t-elle d'une voiture réellement… populaire ?

Les Français découvrent la civilisation des loisirs au cours des années 1930.

L'automobile – ici une Peugeot 402 – est la complice du temps libre.

Très peu de voitures populaires dans les rues de Paris au lendemain du Front… populaire.

VU
LE SALON
DE L'AUTO
MOBILE
NUMERO SPECIAL : 4 FRS
N° 133. - 1er OCTOBRE 1930
M. ROSENGART CONTEMPLE
SON DERNIER MODÈLE
5 CV Rosengart, 4 cylindres, conduite inté-
rieure, 4 places spacieuses, sur châssis long.
Un concessionnaire lyonnais a fait le pari de

L'EXCEPTION FRANÇAISE

Il s'avère que sur le marché français, l'offre est extrêmement limitée sur le créneau des voitures populaires. Dans la catégorie des « 5 CV » (moins de 1 000 cm^3 de cylindrée), le choix est réduit à quatre modèles proposés par des constructeurs de second plan – Amilcar, La Licorne, Mathis et Rosengart – dont la pénétration reste marginale. En revanche, les trois entreprises qui dominent le marché français sont totalement absentes de ce segment. Chez Peugeot, le modèle le plus abordable appartient à la classe supérieure (la 201D possède un moteur de 1,3 litre) tandis que chez Renault comme chez Citroën, le bas de la gamme est occupé par des voitures encore plus corpulentes, mues par des moteurs de 1,5 litre, la Celtaquatre et la 7B, respectivement.

À cet égard, la France constitue une exception dans le paysage européen. Un paradoxe si l'on se souvient qu'elle avait abordé la question au lendemain de la Grande Guerre quand le gouvernement avait encouragé la création des « cyclecars » exemptés de taxes. Beaucoup de petits fabricants s'étaient engouffrés dans cette brèche, mais le public avait boudé leurs véhicules trop frêles. Très vite, l'essor des cyclecars fut compromis par l'apparition de la Citroën 5 CV, plus pimpante et plus cossue qu'eux. Toutefois, pas assez rentable, la « petite citron » ne vécut que cinq ans et disparut de la gamme dès 1926, André Citroën ayant choisi de se focaliser sur un modèle unique dans la classe des 10 CV.

En Grande-Bretagne, la firme Austin se montre plus persévérante en se maintenant sur le créneau des voiturettes jusqu'à la Seconde Guerre mondiale. La charmante Austin Seven lancée en juillet 1922, animée au départ par un minuscule moteur de 696 cm^3, connaît un succès considérable avec environ 290 000 exemplaires écoulés sous diverses formes au cours de ses dix-sept ans de carrière.

Lucien Rosengart est l'un des rares constructeurs français à proposer une toute petite voiture.

La plus petite des voitures françaises, la Simca Cinq, est en fait d'origine italienne.

En 1921, Citroën était présent sur le créneau des voiturettes avec la 5 CV.

La plus petite des automobiles figurant dans la gamme Peugeot en 1935 est la 201D.

Publicité pour la Fiat 500 Topolino.

À l'origine, la Volkswagen est commercialisée sous la marque « KdF ».

Ailleurs en Europe, la démocratisation de l'automobile a une coloration plus nauséabonde car elle fait partie intégrante du discours politique. L'automobile, et plus généralement la consommation des ménages, sont intégrées dans le message des régimes totalitaires. Pour une firme comme Fiat, qui a toujours été tournée vers la production de masse, la notion de voiture populaire est dans les gènes. Elle s'exprime avec brio avec la prémonitoire 500 qui apparaît en 1936. Sa carrosserie hypercompacte (3,22 mètres de long), traitée dans un style aérodynamique, apporte une réponse inédite et malicieuse. La Fiat 500, animée par un moteur de 569 cm^3, reçoit vite le surnom de « Topolino », le patronyme de Mickey Mouse en Italie. Cette géniale miniature est produite sous licence en France et commercialisée sous le nom de Simca Cinq. La plus pertinente des petites voitures françaises est d'origine italienne…

Dans l'Allemagne nazie, l'idée d'une automobile pour le plus grand nombre s'inscrit dans une démarche éminemment politique. Dès juin 1934, Ferdinand Porsche est commissionné pour étudier une voiture populaire, « Volkswagen » dans le texte. Tout un dispositif industriel, commercial et social est mis en place pour l'élaboration du projet. Le *Front allemand du travail* (Deutsche Arbeitsfront) se chargera de la production, la commercialisation sera confiée à l'organisme baptisé *La Force par la Joie* (Kraft durch Freude), la voiture devant d'ailleurs porter ses initiales (KdF) lors de son lancement. La population est invitée à signer des contrats d'épargne pour acquérir la voiture au prix de 990 reichsmarks. Les premiers prototypes roulent en octobre 1936 et l'usine est inaugurée en grande pompe le 26 mai 1938, à Wolfsburg, dans une morne plaine de la Basse-Saxe. Oriflammes, défilé, fanfares et déclarations frénétiques soulignent l'importance de l'automobile dans le discours sur la famille allemande idéale.

Dans le cadre du concours de la SIA, une centaine de projets – comme celui-ci dû à G. Brouilhet – explorent le concept de voiture minimaliste.

Le projet présenté par Le Corbusier au concours de la SIA.

SOURCES D'INSPIRATION

En France, la notion d'automobile pour le plus grand nombre est encore de l'ordre de la prospective. Les dirigeants de la très respectable Société des Ingénieurs de l'Automobile sont conscients de cette défaillance de l'industrie française et veulent y remédier en lançant, en octobre 1934, un concours qui propose de réfléchir sur « une voiture économique à deux places pouvant rouler à 80 km/h et vendue moins de 8 000 francs. Le jury se compose de huit ingénieurs renommés, parmi lesquels on note la présence de Maurice Sainturat, l'un des pères de la Traction Avant chez Citroën.

À la suite de la publication du règlement, en mars 1935, la SIA reçoit cent trois propositions qui émanent des concepteurs les plus divers. On trouve parmi eux quelques inventeurs farfelus, mais aussi de brillants concepteurs : c'est le cas d'Émile Claveau, auteur de plusieurs prototypes visionnaires, ou encore de Jean Andreau, célèbre pour ses travaux sur l'aérodynamique.

On découvre aussi le projet d'un certain Le Corbusier. L'architecte a cosigné avec son cousin Pierre Jeanneret un projet fulgurant sur lequel les deux hommes travaillaient depuis plusieurs années. En 1928, ils avaient en effet esquissé une voiture optimisant le rapport entre l'habitabilité et l'encombrement. Elle était surnommée « Voiture Maximum » si l'on en croit Gérard Monnier, un des auteurs du catalogue édité à l'occasion de l'exposition sur Le Corbusier en 1987 au Centre Pompidou. Il s'agit d'un véhicule monocorps et monocoque, mesurant 3,70 mètres de long, mais pouvant transporter quatre personnes : la banquette avant accueille trois places de front, tandis qu'un quatrième siège, pliant, est aménagé à l'arrière, transversalement. L'une des places avant est transformable en couchette et un volume suffisant est alloué aux bagages. La voie large (1,43 m) est complètement utilisée et les ailes sont intégrées dans les flancs. Le moteur repose sur le train arrière, ce qui permet d'aménager un poste de conduite très avancé et de supprimer le capot avant. Des pare-chocs robustes ont été prévus, ils sont munis de ressorts et de tampons en caoutchouc. Des tubes protègent également les bas de caisse. La carrosserie utilise des tôles planes, faciles à emboutir. Le toit en arc de cercle est coulissant.

La Voiture Maximum a-t-elle inspiré les concepteurs de la 2 CV ? Il est difficile d'infirmer ou de confirmer cette thèse, mais il est impossible de dénier la moindre influence du projet de Le Corbusier, sachant que tous les plans ont été rendus publics par la SIA en mars 1936, sachant aussi que Maurice Sainturat, ingénieur chez Citroën, a pu analyser la proposition de Le Corbusier en sa qualité de membre du jury du concours. On ne peut pas ignorer les similitudes qui existent entre la Voiture Maximum et la TPV, notamment au niveau du profil en arc de cercle et des surfaces planes.

DE LA TPV À LA 2 CV

Dès son arrivée aux commandes de la firme Citroën, Pierre Michelin prend des dispositions que l'on peut qualifier de modernes, ce qui surprend de la part d'un chef d'entreprise réputé conservateur. L'historien Jean-Louis Loubet rappelle les accointances de Pierre Michelin avec la Cagoule, mouvement d'extrême droite.

En décembre 1922, Édouard et André Michelin, père et oncle de Pierre Michelin, avaient déjà lancé une grande enquête nationale sur l'automobile populaire. Cette première étude de marché avait pour but de cerner les contours d'une « voiture bon marché, véritable outil de travail ».
De son côté, André Citroën le moderniste n'avait bien sûr pas négligé le marché des voitures populaires, et dans cet esprit il avait proposé au cours des années la petite 5 CV.

Pierre Michelin s'appuie sur un adjoint dévoué, Pierre-Jules Boulanger. Cet autodidacte, plus artiste qu'ingénieur, avait été engagé par Édouard Michelin au lendemain de l'Armistice. Pierre-Jules Boulanger prend en mains le projet qui doit mettre un terme à la monoculture en vigueur chez Citroën. À cette époque, le catalogue se concentre autour des différentes variantes de la Traction Avant : 7, 11 légère et 11 dite normale, qui existent sous quatre formes : berline, cabriolet, coupé et familiale, cette dernière carrosserie étant réservée à la 11 normale sur châssis allongé. Citroën continue de proposer les ultimes avatars de la lignée des « Rosalie », les 7 UA, 11 UA et 11 UD, désormais à vocation utilitaire et de conception archaïque. Chez les concurrents directs de Citroën, l'offre est beaucoup plus large. La gamme Renault couvre une large sélection, de la Celtaquatre (1,4 litre) à la Nerva Grand Sport (5,4 litres) tandis que le choix chez Peugeot s'étend de la 201 (1,3 litre) à la 601 (2,2 litres).

Les nouveaux dirigeants de Citroën veulent prendre le contrepied en proposant un type de véhicule qui n'existe pas encore sur le marché et qui sera résolument minimaliste et frugal. Le projet est connu en interne sous le sigle « TPV » pour « très petite voiture ».

L'utilité prime

Le cahier des charges est établi par Pierre-Jules Boulanger sur la base d'une enquête menée auprès de 10 000 consommateurs. L'approche est révolutionnaire : « l'esthétique et la vitesse, je ne veux pas en entendre parler ! », assène le patron. La TPV doit pouvoir « transporter quatre personnes et 50 kg de pommes de terre ou un tonnelet à la vitesse maximale de 60 km/h, pour une consommation de 3 litres aux cent et un prix de vente ne dépassant pas le tiers de celui de la Traction ». Le véhicule doit aussi être capable de

Pierre-Jules Boulanger a été le maître d'œuvre du projet TPV chez Michelin.

Deux prototypes de la TPV
en cours d'essai en 1938.

“ TRANSPORTER À TRAVERS UN CHAMP LABOURÉ
UN PANIER D'ŒUFS SANS LES CASSER ”

Ce prototype très rudimentaire a été conservé au musée Henri Malartre à Rochetaillée-sur-Saône.

« transporter à travers un champ labouré un panier d'œufs sans les casser ». La TPV n'a pas besoin d'aller « plus vite qu'un cheval ». Pour résumer, elle doit se limiter à « quatre roues sous un parapluie ».

Telles sont les consignes soumises au Bureau d'études automobiles (BEA) installé dans le XVe arrondissement de Paris, rue du Théâtre, dans les locaux de l'ancienne usine Mors qu'avait dirigée André Citroën avant la Grande Guerre. Le BEA est dirigé par Maurice Brogly, mais le personnage central en est André Lefebvre, un brillant ingénieur qui travaille pour Citroën depuis mars 1933 après avoir bâti sa réputation en concevant les voitures de record de Gabriel Voisin. L'équipe comprend également Georges Sallot et Jean Muratet, les projeteurs qui mettent en forme les idées de Lefebvre, Maurice Pompon qui gère le laboratoire, Maurice Caneau qui veille à l'industrialisation, Maurice Sainturat chargé du développement du moteur, et Alphonse Morceau responsable de la transmission.

Un artiste derrière la 2 CV

Enfin, autre pilier du BEA et pas des moindres, Flaminio Bertoni dirige le département dédié aux carrosseries. Âgé de trente-trois ans, originaire de Varese, en Lombardie, ce personnage complexe et vindicatif a toujours mené de front sa carrière d'artiste et son activité professionnelle. En 1923, il est venu en France, pour travailler chez plusieurs carrossiers, et a fait une première incursion chez Citroën pendant trois mois. En 1925, il est reparti en Italie

Esquisse pour un prospectus présentant la gamme Citroën.

La 2 CV aurait dû être lancée sous cette forme en octobre 1939.

pour se consacrer à la sculpture et ouvrir son propre atelier de carrosserie. En 1931, Flaminio Bertoni revient en France, et l'année suivante, il se fixe chez Citroën. Il y restera jusqu'à sa mort, survenue en 1964 à l'âge de 61 ans.

Après la mise au point de la forme de la Traction Avant sous la direction d'André Citroën, Flaminio Bertoni se lance dans l'étude de la TPV sous l'autorité de Michelin. Cette fois, il doit oublier tous ses repères, dépasser les canons habituels du style pour concevoir une carrosserie minimaliste, constituée de panneaux en tôles planes et d'un toit en toile. L'aménagement intérieur doit être tout aussi simpliste, meublé de sièges tubulaires, sortes de hamacs à dossiers suspendus. Les accessoires sont réduits à l'essentiel : le démarreur se limite à un lanceur et l'éclairage est assuré par un unique phare ! À l'origine, tout est permis. Les ingénieurs envisagent des matériaux inhabituels comme les alliages légers, la toile cirée ou le contreplaqué avant de revenir à des solutions plus classiques.

Une cinquantaine de prototypes sont fabriqués dans les mois qui précèdent la Seconde Guerre mondiale. Les essais se déroulent dans le plus grand secret sur un circuit tracé dans une immense propriété acquise à La Ferté-Vidame en Eure-et-Loir. Il n'y a pas de temps à perdre : la direction de Citroën veut dévoiler la version définitive de sa TPV lors du 33e Salon de l'Automobile, dont l'ouverture est prévue le 5 octobre 1939. Un prospectus destiné à la clientèle est esquissé. Le type « 2 CV-A » reçoit l'agrément des Mines le 28 août 1939 ; la production peut démarrer. Moins d'une semaine plus tard, le 3 septembre 1939, le programme est remis en cause quand la France et la Grande-Bretagne déclarent la guerre à l'Allemagne.

LES ANNÉES QUARANTE

DE L'OMBRE À LA LUMIÈRE

Conçue pendant les années 1930, la 2 CV connaît un rebondissement pendant la Seconde Guerre mondiale. Son lancement étant retardé d'une dizaine d'années, l'iconoclaste 2 CV bénéficie d'un délai supplémentaire pour se peaufiner avant de faire ses débuts au Grand Palais en 1948. Cette année-là, un vent de provocation souffle sur ce temple de l'industrie automobile française.

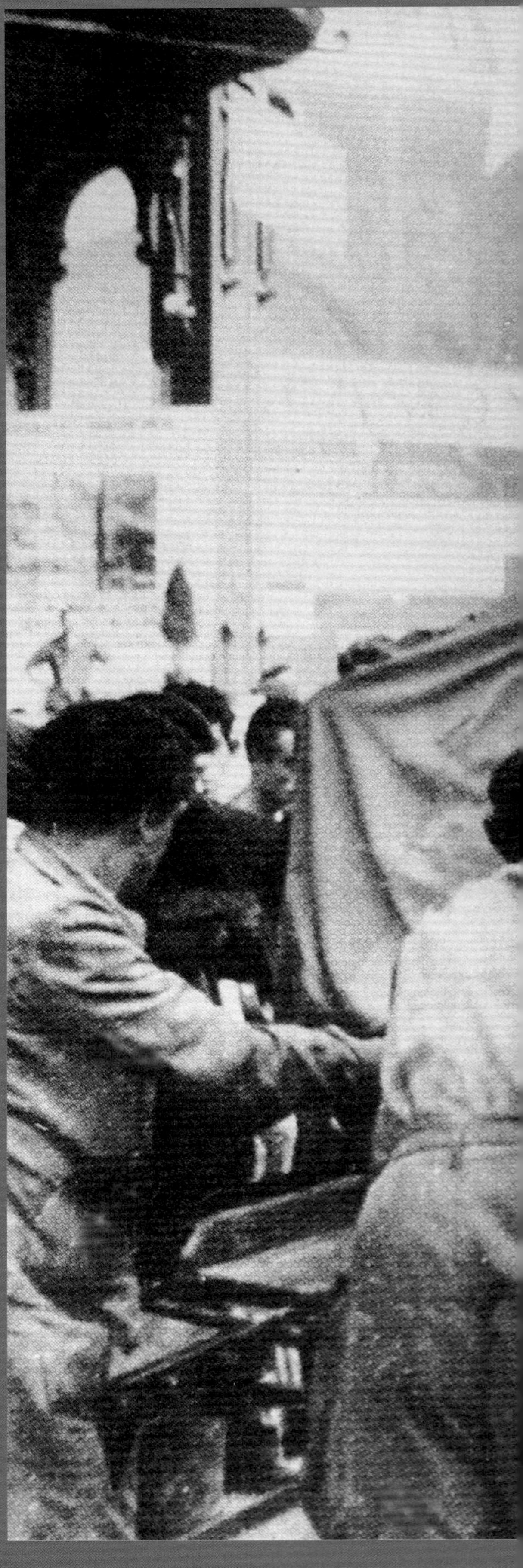

Avant de la placer sur son stand, les employés de Citroën cachent encore la petite merveille.

ROULER SOUS L'OCCUPATION

Le 3 septembre 1939, la France et la Grande-Bretagne déclarent la guerre à l'Allemagne à la suite de l'invasion de la Pologne par la Wehrmacht. L'ouverture du Salon de l'Automobile, prévue le 5 octobre, est annulée et le lancement de la 2 CV A qui devait en être l'une des grandes vedettes est reporté sine die. Une petite présérie de deux cent cinquante voitures avait été assemblée au dernier trimestre de l'année 1939 en vue de l'événement. Dès l'entrée en guerre de la France, les 2 CV sont entreposées dans la propriété de La Ferté-Vidame où elles sont cachées et mises à l'abri des regards indiscrets. La direction de Citroën craint en effet que ces véhicules soient saisis par l'ennemi… et copiés.

Après la Libération, Pierre-Jules Boulanger ordonnera la destruction de tous ces modèles de présérie et seuls quatre exemplaires échapperont au sabordage : trois voitures retranchées sous les combles de la ferme de la Richardière, au sein de la propriété privée, et un prototype conservé chez Michelin, celui-ci étant plus tard récupéré par Henri Malartre, créateur du musée de Rochetaillée-sur-Saône près de Lyon.

La progression des Allemands est inexorable. Le 6 juin 1940, le front de la Somme cède. L'offensive ennemie se poursuit vers la Normandie et la Champagne. L'aviation allemande bombarde l'ouest parisien et cause la mort de plus de deux cent cinquante personnes. Au cours de ces raids, les installations de Citroën dans le quartier de Javel sont visées. Le bâtiment administratif, le hall de livraison et plusieurs ateliers sont touchés. Malgré les destructions, l'usine reste encore en activité pendant quelques mois et plusieurs dizaines de Traction Avant seront assemblées ici jusqu'en novembre 1941.

Pendant la période de l'Occupation, de nombreux véhicules sont réquisitionnés par les Allemands et ceux qui ne sont pas saisis sont immobilisés faute de carburant. La pénurie d'essence oblige ingénieurs et bricoleurs à chercher des énergies de remplacement. Certains proposent de substituer l'alcool de betterave ou l'acétylène à l'essence de pétrole, sans succès. Finalement, les gazogènes semblent représenter la solution la plus acceptable, avec toutefois l'inconvénient d'entraîner le montage d'un mécanisme encombrant à l'avant ou à l'arrière des véhicules, ou sur le toit ou encore dans une remorque. Autre alternative, réservée aux autobus, le gaz de ville comprimé offre des propriétés proches de l'essence, mais son stockage nécessite d'énormes bonbonnes arrimées sur le toit.

Paris, place de la Concorde, sous l'Occupation allemande.

Les usines Citroën du quai de Javel à Paris sont fortement endommagées par les bombardements de juin 1940.

Toutes les solutions sont bonnes pour circuler pendant l'occupation : le vélo-taxi, les moteurs alimentés au gaz ou encore les véhicules électriques tel que l'Œuf électrique de Paul Arzens.

Les circonstances ramènent l'énergie électrique sur le devant de la scène. Envisagée au début du siècle, puis abandonnée, elle retrouve sa raison d'être pendant l'Occupation. Parmi une nuée de voiturettes électriques qui fleurissent pour relayer les vélos-taxis, certaines s'avèrent plus pertinentes : la Peugeot VLV (Voiture Légère de Ville), charmante et produite en série, et L'Œuf électrique, géniale mais sans lendemain. Imaginé par le styliste Paul Arzens, ce prototype ne sera pas commercialisé malgré sa silhouette futuriste, tout en rondeurs, mariant vitrage et alliage léger.

Dans un florilège de solutions astucieuses, la 2 CV aurait eu sa place. Mais dans l'immédiat, elle reste confinée dans la clandestinité.

REPENSER LA 2 CV

Pendant les hostilités, la réflexion continue. Le bureau d'études maintient une activité restreinte pour imaginer le monde d'après-guerre. Pierre Boulanger ressort le dossier « 2 CV » et entreprend de l'actualiser. Premier objectif : réduire les coûts de production. La mission est confiée à Pierre Bercot, attaché de direction chez Michelin désormais muté à Paris (il sera le grand patron de Citroën entre 1958 et 1970). Il s'avère que la 2 CV telle qu'elle a été figée avant la guerre dépasse de 40 % le budget initialement prévu. Il est donc indispensable de revenir à un prix de revient acceptable. Pour y parvenir, il convient en premier lieu d'abandonner les solutions dispendieuses telles que l'usage de matériaux coûteux.

En 1941, un ingénieur qui a travaillé pour Talbot, Walter Becchia, est appelé en renfort pour dessiner un moteur refroidi par air devant remplacer les propulseurs initialement prévus, un bicylindre de 375 cm³ et un quatre-cylindres à plat de 750 cm³, tous les deux utilisant un refroidissement par eau.

Dans le même but, la suspension hydropneumatique qui avait été envisagée est remplacée par un système à interaction entre l'avant et l'arrière maintenant les quatre roues en contact constant avec le sol. L'étude est menée par Pierre-Étienne Mercier. La direction exprime aussi quelques doutes à propos du style qui semble vraiment trop rudimentaire dans sa forme initiale, celle du modèle d'octobre

Sur cette esquisse de 1942, la 2 CV possède toujours son œil de cyclope.

La silhouette générale de la future 2 CV est d'ores et déjà brossée sur ce dessin de 1942.

1939. Certes il n'est pas question de revenir sur le concept d'origine, mais il semble judicieux de fignoler quelques détails résolument trop simplistes.

Flaminio Bertoni se remet à l'ouvrage. Il traverse alors une période compliquée car il est exposé à l'ambiguïté que cause sa situation, celle d'un Italien vivant en France pendant la Seconde Guerre mondiale. Il est d'ailleurs emprisonné au Palais des Sports pendant quelques jours pour avoir refusé de renier sa nationalité. En août 1940, un accident de moto l'immobilise plusieurs mois. Il achève sa convalescence en Italie où il rencontre sa seconde épouse, Lucienne Malandon, danseuse à la Scala de Milan. L'artiste insatiable est curieux de tout. Tout en continuant son œuvre de sculpteur, il prépare un diplôme d'architecte.

Courant 1945, Flaminio Bertoni dessine une multitude de variantes pour le faciès de la 2 CV.

En août 1944, il reprend son poste chez Citroën et façonne un faciès plus avenant à la 2 CV ; il soigne le dessin des ailes, arrondit les angles, adoucit les jointures, moule une ceinture de caisse. Plusieurs dessins montrent différents traitements de l'avant. Le nouveau visage de la 2 CV se dessine au cours des années qui suivent la Libération. Dans toutes les propositions, la 2 CV conserve son œil de cyclope, auquel elle devra renoncer au moment de sa commercialisation.

Les ailes ont trouvé leurs formes sur ce dessin de 1945, mais l'assiette plongeante qui caractérisera la 2 CV n'est pas envisagée.

RECONSTRUCTION

Commercialisée depuis 1934, la Traction Avant est devenue une silhouette familière pour les Français. Aux heures les plus sombres de l'Occupation, elle continue de sillonner les villes et les campagnes, elle est omniprésente sur les routes de l'exode. Quand l'heure de la Libération approche, la Traction Avant est associée à l'épopée des Forces françaises de l'intérieur (FFI) qui se sont formées en février 1944 en regroupant l'Armée secrète, l'Organisation de résistance de l'armée, les Francs-tireurs et partisans, et effectuent le plus souvent leurs opérations à bord de Traction Avant grossièrement grimées, frappées d'une croix de Lorraine et du sigle « F.F.I. ».

L'Allemagne capitule en mai 1945. Le Japon dépose les armes en août. La fin de la Seconde Guerre mondiale laisse paraître au grand jour les plaies et les déchirures. Le bilan des pertes humaines et matérielles est terrifiant. Le monde découvre l'horreur des camps d'extermination et prend conscience du génocide des Juifs et des Tziganes. Les économies sont dévastées, les sols ruinés, les villes rasées, la production effondrée, paralysée par les difficultés de ravitaillement et le rationnement.

L'Amérique ayant été épargnée sur son sol, la production automobile peut reprendre son rythme dès juillet 1945. Bientôt, les États-Unis déploient le plan Marshall pour aider les pays occidentaux à se redresser en attendant qu'une Europe unie soit ébauchée en 1948 avec la création de l'Organisation européenne de coopération économique (OECE).

Le Salon de l'Automobile 1946 marque le redémarrage de l'industrie automobile.

Chez Volkswagen à Wolfsburg, la production reprend dès 1945 avec l'aide des Britanniques.

En Allemagne, les Anglais participent à la relance de la production à la Volkswagenwerk GmbH. Dès 1950, le 100 000e exemplaire de la Coccinelle sortira des usines de Wolfsburg ! Le mouvement est lancé, mais d'autres usines se retrouvent du mauvais côté du rideau de fer, dans l'Allemagne de l'Est qui s'autoproclame démocratique (DDR) : BMW à Eisenach et DKW à Zwickau.

En France, le plan Pons est mis en place par le gouvernement français pour réglementer la production. Il porte le nom du directeur adjoint des Industries mécaniques et électriques (DIME) au ministère de la Production industrielle. Ce plan quinquennal s'inscrit dans le projet de modernisation et d'équipement lancé par Jean Monnet, commissaire général au Plan nommé en janvier 1946. Paul-Marie Pons, ingénieur du génie maritime qui avait géré la production des gazogènes pendant l'Occupation, préconise une rationalisation de la production française en limitant le nombre des modèles commercialisés et en répartissant leur fabrication entre les différents constructeurs retenus. Dans ce but, sept groupements sont constitués :

• Peugeot amalgamé avec Hotchkiss, Latil et Saurer, trois firmes qui fabriquent des véhicules utilitaires,
• la Générale Française Automobile (GFA) qui rassemble Simca, Delahaye, Bernard, Laffly et Unic, les trois dernières marques étant elles aussi dévolues à la production de camions,
• l'Union Française Automobile (UFA) qui réunit sous une même bannière Panhard, Somua et Willème,
• Berliet qui se rapproche de Rochet-Schneider et Isobloc, les trois firmes se consacrant aux véhicules industriels ou aux transports en commun.

La Régie Nationale des Usines Renault est prête deux ans avant Citroën à remettre la France sur quatre roues.

Dans cette vaste organisation, les marques Renault, Citroën et Ford, plus puissantes, se suffisent à elles-mêmes et restent indépendantes.

On constate que les labels qui sont exclusivement dédiés à la production de voitures de sport ou de luxe sont éludés : Bugatti, Talbot et Salmson échappent ainsi à toutes les mesures d'aide, que ce soient les soutiens financiers ou les facilités d'approvisionnement en matières premières. Cette mesure sera fatale à toutes ces marques « oubliées » qui devront très vite renoncer à leur activité, se recycler dans d'autres secteurs, conclure des alliances ou disparaître corps et biens. Le choix des autorités françaises sera lourd de conséquences à long terme, car il pénalisera l'industrie automobile française, privée pour toujours (?) d'une présence en haut de gamme.

LA MAGIE DU SALON

Le Salon de l'Automobile est une institution dans de nombreux pays et particulièrement en France, où la manifestation est associée à un lieu emblématique : le Grand Palais. Depuis l'aube du siècle, le salon est un rendez-vous qui attire un public très large venu choisir sa voiture, éventuellement l'acheter ou simplement admirer dans un cadre fastueux la multitude de la production mondiale.

Auparavant organisé dans le jardin des Tuileries, quand la première édition fut inaugurée, le 14 avril 1900, au Grand Palais – ou plus précisément au Palais des Beaux-Arts, comme on le nommait alors – le lieu était flambant neuf. Censé illustrer l'architecture de son temps, il avait été construit à l'occasion de l'Exposition universelle. Cette énorme « pâtisserie de pierres », selon le qualificatif de ses détracteurs, est l'œuvre de l'architecte Charles Girault, secondé par Louis-Albert Louvet et Henri Deglane. Le Grand Palais reflète le goût de l'époque pour l'éclectisme. Il dissimule son ossature métallique derrière une lourde façade hérissée de colonnes ioniques, longue de 240 mètres et haute de 20 mètres. D'innombrables statues habitent ce palais remarquable par son volume immense, son magnifique escalier à double révolution et sa verrière qui diffuse une lumière improbable.

Un écrin aussi grandiose mérite une mise en scène flamboyante. Depuis 1909, c'est André Granet qui s'en charge, qui imagine des décors somptueux et maniérés, des firmaments fabuleux, des cieux étoilés, zébrés d'éclairs et d'arabesques, des cosmos traversés de vaisseaux imaginaires.
Le style de Granet a évolué au fil des mouvements artistiques, glissant progressivement du goût Art nouveau pour l'ornement à la tendance au

Le Salon de l'Automobile 1948 sert de décor au lancement de la 2 CV mais les œuvres luxueuses des carrossiers sont encore présentes.

Le Grand Palais est un vestige de l'Exposition universelle de 1900. Il a accueilli le Salon de l'Automobile de Paris entre 1901 et 1961.

dépouillement prôné par l'Union des Artistes Modernes (UAM).

Après sept années d'immobilisme contraint, l'industrie automobile redémarre au lendemain de la Libération et le public reprend le chemin du Salon de l'Automobile qui se tient du 5 au 13 octobre 1946. Huit cent mille visiteurs se pressent dans les allées du Grand Palais pour découvrir le plus précieux objet de la liberté et de la mobilité recouvrées. Les industriels ont cependant peu de nouveautés à présenter, en dehors de la Régie Nationale des Usines Renault, nouvellement formée, qui dévoile sa 4 CV, et de la doyenne des marques françaises, Panhard, qui a fait table rase de ses anciens modèles pour se focaliser sur la petite Dyna.
En revanche, Peugeot avec la 202, Simca avec les Cinq et Huit-1100 reprennent le cours d'une histoire interrompue par la guerre. Il en va de même pour Citroën, qui réinstalle la Traction Avant sur son tarif d'octobre 1946 dans trois versions déjà connues : la 11 légère, la 11 normale et la 15 Six. En revanche, la firme au double chevron ne fait aucune mention de la 2 CV qui, rappelons-le, aurait dû exister depuis octobre 1939.
Citroën parachève son projet et attend son heure pour frapper les esprits. Ce moment arrive en octobre 1948.

LE DÉFI

Il faut attendre le 7 octobre 1948 pour découvrir la 2 CV sous sa forme définitive. Après le faux départ de 1939, elle est enfin prête à faire son entrée dans la vie des Français. Le 35e Salon de l'Automobile est officiellement inauguré par le président de la République, Vincent Auriol. Sur le stand Citroën, il est accueilli par Pierre Boulanger, qui présente lui-même sa petite merveille. Le chef de l'État ne cache pas son désappointement devant ce véhicule qui ne ressemble à aucun autre. Il découvre sa carrosserie rudimentaire, entièrement décapotable grâce à une longue toile qui s'étire du haut du pare-brise jusqu'au pare-chocs arrière et qui peut s'enrouler pour dévoiler l'intérieur spartiate.

Pendant quelques mois, le constructeur entretient le mystère quant à la motorisation. On ne saura que plus tard que la 2 CV sera équipée d'un deux-cylindres à plat opposé, refroidi par air, avec une cylindrée de 375 cm^3 et une puissance de 9 ch à 3 500 tr/min.

Par rapport aux ultimes prototypes d'avant série, on note quelques nuances sur les trois voitures exposées au salon et uniformément peintes en gris satiné : la grille de calandre composée de lamelles horizontales, la base de l'aile arrière désormais droite et les angles des vitres latérales arrondis. La 2 CV a perdu son phare central unique qui avait été longtemps conservé sur les prototypes pour adopter deux projecteurs classiquement arrimés sur les flancs de la calandre. À l'heure où le style revendique sa modernisation en adoptant des formes enveloppantes, en intégrant les phares et les ailes dans le volume global, en enveloppant les lignes dans des rondeurs rassurantes, quand tous les créateurs aspirent à l'esthétisation et à la séduction des produits, la 2 CV prend résolument le contre-pied et lance le défi de la frugalité.

Vincent Auriol, circonspect, écoute les explications de Pierre-Jules Boulanger, le patron de Citroën.

Un prix de vente est annoncé – 185 000 francs – mais ce tarif n'est donné qu'à titre indicatif, car la 2 CV n'est pas encore prête à entrer en production et encore moins à être commercialisée. Mais cela permet de situer la 2 CV par rapport au marché des petites voitures françaises. Renault vend sa 4 CV (760 cm^3 17 ch) à partir de 281 000 francs. La Simca Six, qui ne dispose que deux places, mais d'un moteur quatre cylindres de 570 cm^3 fournissant 16 ch, est affichée 303 000 francs. La Panhard Dyna, plus puissante (610 cm^3 24 ch), est aussi plus chère, à 428 000 francs.

Après une ultime année de mise au point, la 2 CV revient au Salon de l'Automobile en octobre 1949 et cette fois, elle est prête pour sa commercialisation, son prix de vente étant désormais fixé à 228 000 francs. Les premières livraisons ont commencé en juillet 1949. Extérieurement, le modèle millésimé 1950 ne diffère quasiment pas de la voiture dévoilée un an plus tôt. L'aménagement intérieur n'a pas changé, avec ses sièges tubulaires sur lesquels sont tendues des bandes de caoutchouc, peu épaisses, recouvertes de toile. La carrosserie conserve l'un de ses atouts incontestables ; elle est décapotable grâce à la toile qui recouvre tout l'habitacle et l'espace alloué aux

Un prototype d'avant-série, reconnaissable à l'angle acéré de ses vitres.

La 2 CV fait son entrée au Grand Palais la veille de l'ouverture du salon 1948.

bagages et se déploie. L'ascétisme a une tonalité : plusieurs nuances de gris qui varient en fonction des matériaux, de la caisse aux sièges en passant par la capote et les jantes. Même les coques de phares, qui étaient noires sur les modèles d'avant-série, sont finalement peintes en gris comme le reste de la carrosserie.

Si, en 1948, Citroën n'avait pas laissé voir le moteur, un an plus tard la mécanique se dévoile. Une des trois 2 CV exposées sur le stand est posée sur un piédestal, débarrassée de son capot, des ailes avant et de la calandre afin de laisser apparaître dans toute sa majesté le « flat-twin » enfin divulgué. La consommation théorique se situe entre 4,0 et 4,5 litres aux cent kilomètres.

La décroissance a ses limites : finalement les modèles de série disposent d'un démarreur électrique, le constructeur ayant renoncé à son lanceur mécanique qui équipait les prototypes.

Au salon 1949, la 2 CV dévoile enfin sa mécanique.

Une foule compacte se presse au Grand Palais pour le Salon de l'Automobile 1948, notamment sur le stand Citroën.

CITROËN

“ LA 2 CV LANCE LE DÉFI DE LA FRUGALITÉ ”

La 2 CV se présente comme une familiale décapotable.

La 2 CV dans son milieu naturel : la campagne.

4698-WO

L'AVANT-GARDE FRANÇAISE

La 2 CV apparaît dans un contexte particulièrement prospère. Les nouveautés promises à une large diffusion commencent à fleurir chez tous les fabricants : en octobre 1948, on assiste aux débuts de la 203 chez Peugeot, de la Vedette chez Ford ou encore de la Huit Sport chez Simca. Ce gracieux cabriolet conçu et réalisé dans les Stabilimenti Farina à Turin est le premier signe d'une coopération qui va se renforcer entre les industriels français et les créateurs italiens.

La Panhard Dynavia inspirera la Dyna de série lancée en 1953.

En marge de la production de masse, on découvre un grand nombre de projets expérimentaux et extrêmement brillants. Sans verser dans un chauvinisme béat, il faut reconnaître que les recherches les plus inventives émanent de stylistes et d'ingénieurs français. Tandis que les Italiens prennent en main l'art de la carrosserie et que les Américains imposent leur vision de la consommation, les Français défrichent des voies inexplorées. Sous la verrière du Grand Palais, en octobre 1948, apparaît une nuée de prototypes qui proposent des solutions inédites.

La surprenante Mathis 666 exposée au Salon de l'Automobile 1948.

En voici un florilège :

- La Panhard Dynavia, profilée comme une goutte d'eau, bénéficie d'un coefficient aérodynamique remarquable qui lui permet d'atteindre une vitesse de pointe de 130 km/h, bien que le moteur soit un modeste bicylindre de 24 ch. Ses lignes générales seront reprises pour la Dyna 1954.
- La Mathis 666 est une berline qui conjugue six places, six cylindres et six vitesses et dont le style surprend par sa modernité avec une surface vitrée optimisée grâce aux montants fins et un capot plongeant à une époque où les calandres hautes sont encore majoritaires.
- La Reine 1950 de l'ingénieur Jules Brandt, spécialiste de l'armement, fait table rase de tout ce que l'on connaissait auparavant avec sa caisse mono-volume, son entrée frontale et ses phares anti-éblouissement.
- La Claveau Descartes surprend par sa caisse spacieuse, profilée et dépouillée, dépourvue de toute décoration, la calandre étant elle-même éludée.
- Jean-Pierre Wimille dévoile un prototype visionnaire dessiné par Philippe Charbonneaux,

La Brandt Reine 1950 remet en question tous les schémas connus.

Révolutionnaire à bien des égards, la Wimille-Ford a été dessinée par Philippe Charbonneaux.

Un prospectus est édité dès octobre 1946 pour la Claveau Descartes mais elle ne sera jamais commercialisée.

Le prototype R de 1948 préfigure la Hotchkiss Grégoire commercialisé à partir de 1951.

caractérisé par la position centrale de son moteur, les trois places de front avec le poste de conduite au milieu, les formes profilées, le pare-brise panoramique, les jalousies recouvrant la lunette arrière.

• L'ingénieur Jean-Albert Grégoire montre la berline « R », dont la carrosserie aérodynamique et spacieuse recouvre une structure en alliage léger et une suspension à flexibilité variable. Un projet qui sera adopté par Hotchkiss et commercialisé sous cette marque à partir de 1951.

Dans ce bouillonnement de créativité, ce fourmillement d'audaces et d'expériences, la 2 CV occupe une place majeure. Avec un supplément de mérite : contrairement à beaucoup d'autres, cette proposition est accessible au plus grand nombre.

LES ANNÉES CINQUANTE

L'AUBE DES TRENTE GLORIEUSES

Populaire et polyvalente, la 2 CV traverse ces années de mutation de la société française en restant fidèle à sa vocation initiale, ancrée dans la frugalité, tout en captant l'air du temps et les évolutions qui s'annoncent. Elle s'internationalise, participe à la construction européenne et surfe les dernières vagues de la colonisation.

La 2 CV – photographiée ici face au quartier de Javel – cherche à conquérir la clientèle féminine.

Tourisme en famille au Mont-Saint-Michel avec un modèle AZL en 1958 ; la 2 CV prend la route et n'est plus réservée aux paysans.

L'ENVOL DE L'ÉCONOMIE

Au cours des années 1950, les pays d'Europe se reconstruisent. Les économies retrouvent leur rythme d'avant-guerre tandis que l'idée d'une Europe unie et solidaire se dessine. Robert Schuman, ministre français des Affaires étrangères, présente le plan élaboré par Jean Monnet qui débouche en avril 1951 sur le traité de Paris et marque la création de la Communauté européenne du charbon et de l'acier (CECA). C'est un premier pas vers la Communauté économique européenne (CEE) qui sera ratifiée par le traité de Rome en mars 1957 et qui regroupera six nations : Allemagne fédérale, Belgique, France, Italie, Luxembourg et Pays-Bas.

Tandis que s'esquisse la construction d'une Europe communautaire, on assiste dès le début de la décennie, dans tous les pays capitalistes, à une croissance économique exceptionnelle par son ampleur et sa régularité. Entre les Trente Glorieuses de la France et le miracle économique de l'Italie, les superlatifs fusent sans se soucier des nécessaires réserves qu'il conviendrait d'apporter. Des nouveaux consommateurs se profilent avec le baby-boom, cette impressionnante explosion de la natalité enregistrée dans tous les pays occidentaux.

L'automobile occupe plus que jamais une place privilégiée dans la frénésie de consommation. En France, la montée en cadence est fulgurante : la production automobile passera de moins de 400 000 exemplaires en 1952 à plus de 1 600 000 en 1973.

À l'aube des Trente Glorieuses, la population française est encore également distribuée entre la campagne et la ville, mais l'exode rural est d'ores et déjà en marche et finira par remettre en question cet équilibre. Cadres et employés deviendront majoritaires, au détriment des paysans et des ouvriers. Alors que la proportion de la population hors des villes représentait encore 47 % en 1946, elle descend à 41 % en 1954 et tombera à 29 % en 1968.

Les modes de vie et les structures de la société se transforment inexorablement, mais c'est encore dans la perspective d'une nation largement rurale que la 2 CV fait son entrée dans la vie des Français.

En 1951, les grandes villes ont retrouvé leurs embarras ! Les voitures datant d'avant la guerre se mêlent aux nouveaux modèles dans la circulation.

Départ pour la Normandie, un week-end de 1955, sur l'autoroute de l'Ouest qui avait été inaugurée neuf ans auparavant.

Une image d'Épinal accompagnant les Trente Glorieuses : la 2 CV, avec ses sièges amovibles, complice des familles heureuses pour le pique-nique du dimanche.

Comme l'avaient imaginé ses concepteurs, la 2 CV fait partie du décor dans la vie paysanne du début des années 1950.

Un des premiers modèles de série de la 2 CV, millésimée 1950, dans son cadre naturel originel : la ferme.

UNE ICÔNE DE LA RUSTICITÉ

Comme le reste du monde industrialisé, la France s'urbanise. L'exode rural entraîne un déplacement de la population vers les villes : entre 1946 et 1975, cinq millions de ruraux deviennent des citadins. La campagne est profondément transformée par les mutations économiques et la modernisation des techniques. L'agriculture enregistre une poussée spectaculaire de la productivité grâce à la mécanisation, à l'usage intensif d'engrais et à une meilleure sélection des espèces. Le parc de tracteurs agricoles passe de 50 000 exemplaires en 1946 à près de 400 000 en 1954.

Le cahier des charges qui a guidé l'étude de la 2 CV prévoyait un véhicule destiné en priorité à la clientèle des campagnes. De fait, les premières 2 CV s'adressent aux fermiers et aux divers corps de métier qui assurent les relations sociales entre les populations éparpillées, parfois isolées, dans les provinces. Du facteur au curé, du médecin au vétérinaire, tous les acteurs de la vie quotidienne trouvent dans la 2 CV la voiture idéale, économique et passe-partout, l'outil providentiel du lien social.

Cependant, il est évident que la 2 CV devra tenir compte des transformations de la société, qu'elle sera obligée de se diversifier et s'ouvrir à de nouvelles clientèles. La berline ne suffit pas pour satisfaire tous les publics. Les artisans réclament une variante plus utilitaire capable de transporter du matériel, des marchandises ou de l'outillage. C'est à eux que s'adresse la fourgonnette dont on découvre le prototype au Salon de l'Automobile en octobre 1950. Elle sera réceptionnée aux Mines en février 1951, sous la désignation « 2 CV AU », équipée du même moteur 375 cm^3 que la « 2 CV A ». La partie arrière

“IL N’EST PAS QUESTION D’EXTIRPER
LA 2 CV DE SA CONDITION
NATURELLEMENT MODESTE”

résolument fonctionnelle se résume à un cube recouvert de tôle ondulée, accessible par deux portes battantes rectangulaires, et pouvant transporter une charge de 250 kg.

Pour ne pas se cantonner au monde rural, pour « monter » à la ville, la 2 CV doit soigner sa présentation, se faire plus pimpante, paraître moins austère. Sans excès toutefois. Pour le millésime 1953, une nouvelle peinture, désormais vernie, mais toujours grise, est appliquée aux 2 CV. Il faudra attendre le millésime 1960 pour qu'un deuxième coloris soit disponible, un « bleu glacier » encore tristement terne. Il n'est pas question d'extirper la 2 CV de sa condition naturellement modeste ; elle ne doit surtout pas passer pour ce qu'elle n'est pas. Tout juste se permet-elle une variante moins spartiate pour le millésime 1957, le modèle « AZL », qui profite d'un aménagement intérieur plus soigné.

La même parcimonie préside à l'amélioration des performances. Citroën profite du Salon de l'Automobile 1954 pour présenter le type AZ légèrement plus puissant avec un moteur porté de 375 cm^3 à 425 cm^3. La puissance fait un saut de puce de 9 à 12 ch, ce qui suffit pour augmenter la vitesse maximale de 65 à 80 km/h. Tout cela reste très raisonnable...

Le médecin de campagne parcourt la France profonde, sur les routes et les sentiers, au volant de sa 2 CV bonne à tout faire.

Le facteur de Saverne, dans le Bas-Rhin, connaît les mêmes désagréments que tout un chacun au cours de sa tournée.

La fourgonnette complète la gamme
des 2 CV à partir du millésime 1951.

Pratique et modulable, la 2 CV
satisfait tous les corps de métier,
y compris les photographes
avec leur matériel encombrant.

PHOTO-STUD

2020-W75

Échappée belle dans la région des Baux-de-Provence pour une 2 CV AZL de 1958.

LES MUTATIONS DE L'INDUSTRIE FRANÇAISE

L'industrie automobile, en France comme ailleurs, doit se remettre en question. Après le chaos de la Seconde Guerre mondiale, la reconstruction de l'outil industriel et la reprise des activités commerciales imposent des bouleversements et des sacrifices. L'industrie française paye un lourd tribut. Le plan Pons mis en œuvre en 1946 va laisser de nombreux constructeurs sur les bas-côtés de l'histoire. Beaucoup de labels de prestige n'ont pas été intégrés dans la planification gouvernementale et ils sont contraints de renoncer à la production de mécaniques d'exception. Un à un, les fabricants de voitures de luxe tirent leur révérence après avoir fait un ultime tour de piste au Salon de Paris : Bugatti en 1952, Delage en 1953, Hotchkiss et Delahaye en 1954, Salmson en 1956, Talbot en 1960.

Toutes les marques ne connaissent pas le même sort. Delage, Delahaye et Salmson disparaissent corps et biens. En revanche, après avoir tenté quelques projets fumeux, Bugatti est absorbée par Hispano-Suiza puis intégrée dans la SNECMA, au sein de laquelle elle produit des trains d'atterrissage pour l'aviation. Hotchkiss scelle une alliance avec Delahaye en 1954, puis sera reprise par Brandt en 1956 et continuera à fabriquer des Jeep sous licence Willys-Overland jusque dans les années 1970. Talbot sera rachetée par Simca en décembre 1958 et vingt ans plus tard ce grand nom du patrimoine sera réutilisé à contre-emploi par Peugeot S.A. qui aura racheté Simca.

Ces prestigieux labels n'ont pas su – ou pas pu – s'adapter au nouveau contexte économique. Ils se sont souvent reposés sur des bases mécaniques anachroniques, accrochés à des méthodes de fabrication ancestrales établies sur des schémas obsolètes. Sur le plan du style, ils ne parviennent pas à suivre

La 2 CV devient une vraie citadine ; cette AZL de 1958 est l'indispensable complice d'une séquence de shopping dans le 15e arrondissement de Paris.

La promotion de la 2 CV passe désormais par les loisirs et les vacances.

Magnifique exercice de style imaginé par Philippe Charbonneaux et exécuté par le carrossier Antem en 1955.

Une 2 CV transformée par le styliste Philippe Charbonneaux à l'attention d'un négociant en vins et spiritueux.

l'évolution dictée par les carrossiers italiens et subissent grossièrement l'acculturation américaine.
Dans ce contexte pathétique, une étoile prénommée « Véga » resplendit soudain et éclaire les perspectives de l'industrie. À travers l'aventure de Facel Véga qui démarre en 1954, Jean Daninos ambitionne de renouer avec une certaine idée du luxe à la française. Hélas, il échouera après dix années de panache, de brio et d'impudence.

Les grands carrossiers français, qui dominaient le monde de la création dans les années 1930, s'effacent en même temps que leurs pourvoyeurs de mécanique. Saoutchik, Letourneur & Marchand, Figoni & Falaschi, Guilloré, Antem abandonnent la partie ou se recyclent. Seul Henri Chapron parvient à survivre en se rapprochant de Citroën.

Désormais, la créativité s'exprime à travers les produits de grande diffusion. Au milieu des années 1950, l'industrie automobile française s'articule autour de cinq constructeurs généralistes : Renault, Peugeot, Citroën, Panhard et Simca (qui a repris la filiale française de Ford en 1954). Chacun d'entre eux structure son propre studio de création tandis que l'on voit fleurir ce que l'on nomme alors des « cabinets de création ou d'esthétique industrielle » indépendants, car les mots « design » et « designer » appartiennent encore à la culture anglophone !

Philippe Charbonneaux est l'un des stylistes qui mettent leur talent au service des entreprises et qui donnent à leur corporation un éclat inédit. Il s'intéresse à la 2 CV, pour laquelle il dessine deux carrosseries spéciales confectionnées chez le carrossier Antem. La première, fabriquée en octobre 1953, est une berline publicitaire pour le compte du porto A.J. de Silva (octobre 1953) ; elle conserve l'habitacle d'origine, mais sa caisse est transformée en « ponton » avec les ailes intégrées. La seconde, présentée en 1955, est un coupé si gracieux et si harmonieux que l'on ne peut pas soupçonner la présence d'une plateforme de 2 CV.

OUVERTURE SUR LE MONDE

André Citroën avait très tôt cherché à s'implanter à l'étranger, non seulement en installant des succursales, mais aussi en aménageant des unités de production. Dans certains cas, le but était simplement d'échapper aux droits de douane. Citroën avait construit une usine en Grande-Bretagne dès 1926 dans cette optique. Trois décennies plus tard, la filiale britannique est toujours active, produisant des Traction Avant personnalisées pour le marché local dans l'usine de Slough.

À partir d'octobre 1953, Citroën Cars Ltd décide d'ajouter la 2 CV à son programme de fabrication, mais il s'avère très vite que la clientèle autochtone est réfractaire à ce produit très particulier, sans doute trop franco-français. La version britannique bénéficie d'une malle en acier, de pare-chocs épais et de motifs décoratifs, comme une superbe poignée d'inspiration Art déco plantée sur le capot. La sellerie est plus raffinée, l'équipement moins spartiate et les coloris plus chatoyants de ce côté-ci du Channel, mais rien n'y fait : la silhouette basique rebute une clientèle accoutumée à des formes plus gracieuses. La fabrication de la 2 CV anglaise s'arrête sur un constat d'échec à la fin du millésime 1960 avec seulement 672 berlines écoulées et encore moins de fourgonnettes (231 entre 1954 et 1960) et un nombre dérisoire de pick-up (65 unités entre 1953 et 1958) qui pourtant avaient été spécifiquement étudiés pour le marché britannique.

Un étrange motif décore le capot sur la variante britannique de la fourgonnette.

La 2 CV fabriquée en Belgique diffère de la version originale française par sa lunette arrière et sa décoration.

La 2 CV produite par la filiale britannique dispose de pare-chocs plus robustes que la Française.

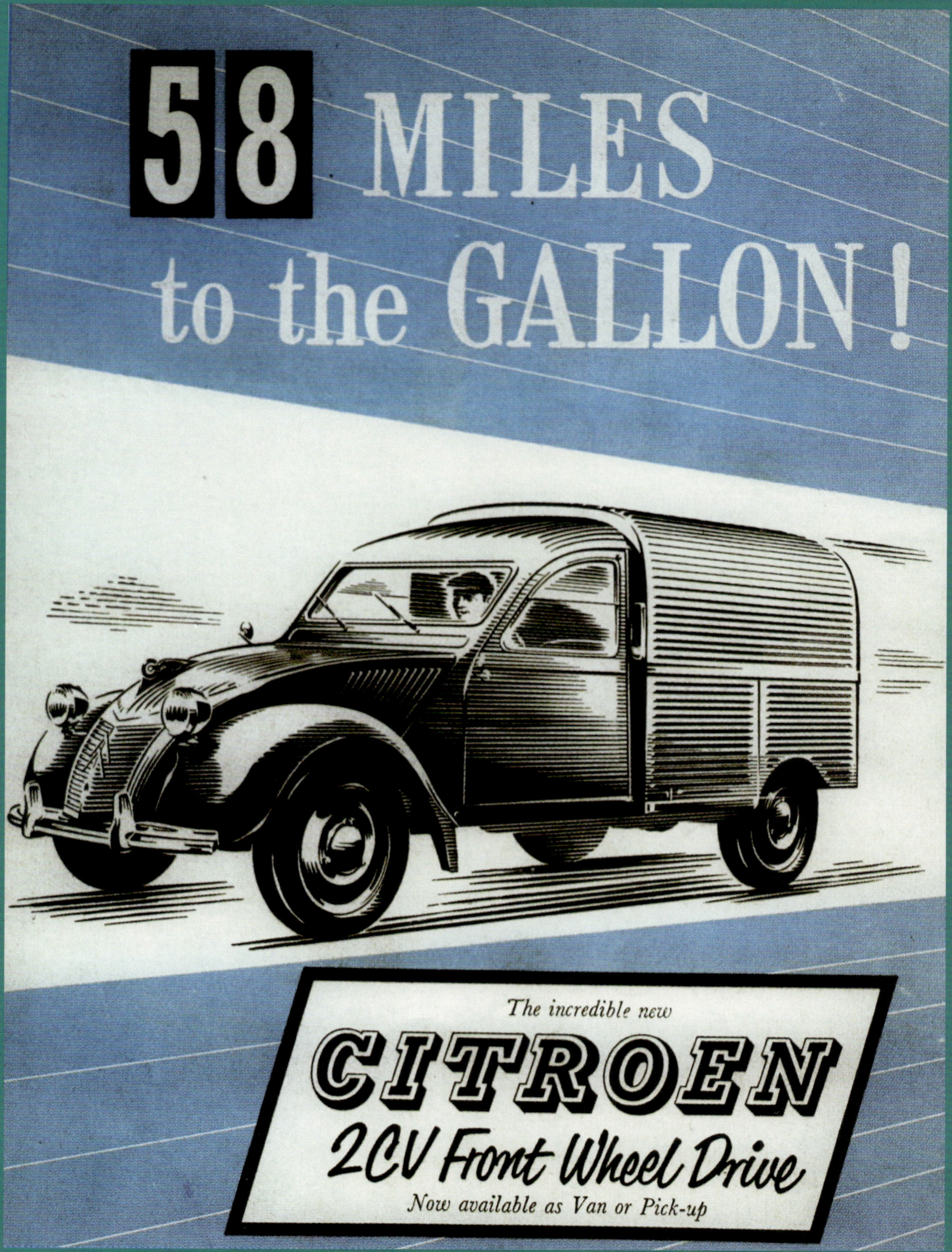
58 MILES
to the GALLON!
The incredible new
CITROEN
2CV Front Wheel Drive
Now available as Van or Pick-up

Citroën Cars tente une dernière fois de rebondir en imaginant une variante plus coquette qui se prénomme « Bijou ».
Pour le style, l'entreprise fait appel à Peter Kirwan-Taylor, le designer qui avait dessiné la superbe Lotus Elite. Dévoilé au Motor Show de Londres, en octobre 1959, le Bijou de Citroën enjôle le public… qui déchante dès qu'on lui annonce le tarif : 674 £… contre 496 £ pour une Austin Seven ou une Morris Mini Minor beaucoup plus moderne ! La carrosserie en plastique, composée de onze pièces, est produite localement : les moules sont confectionnés chez James Whitson & Co., à West Drayton, dans le Middlesex, et la production est assurée par C.F. Taylor Plastics Ltd de Crowthorne. Mais l'expérience fait long feu : la carrière de cette 2 CV aussi charmeuse qu'onéreuse s'achève sur un fiasco avec la 211e voiture vendue en septembre 1964.

En Belgique aussi, Citroën est implantée depuis des lustres, très précisément depuis février 1924. La 2 CV est construite à l'usine de Forest, près de Bruxelles, à partir d'octobre 1952. Ici aussi, elle est confectionnée dans des finitions moins spartiates qu'en France, ce qui d'ailleurs donnera des idées à la maison mère.
Au Salon de Bruxelles 1954, la Société belge des automobiles Citroën lance le Type AL qui se distingue par divers enjoliveurs chromés, une porte de malle tôlée et surtout un nuancier de six couleurs différentes au lieu du frustrant gris unique du modèle français ! En février 1959, apparaît la 2 CV Week-End, une fourgonnette familiale sur laquelle des places sont aménagées à l'arrière.
Citroën plante aussi un jalon en Espagne : la filiale Citroën Hispania S.A. est fondée à Vigo en juillet 1957 pour produire la 2 CV.

Ce petit Bijou est dévoilé dans le cadre du Salon de Londres en octobre 1958.

La 2 CV Bijou a été dessinée par le designer qui était l'auteur de la Lotus Elite.

Bien que spécialement conçu pour le marché britannique, le pick-up n'y a pas rencontré le succès.

NOSTALGIE COLONIALISTE

Quand en mars 1958 Citroën annonce la sortie de la 2 CV 4x4 « saharienne » – bientôt rebaptisée « Sahara » – l'empire colonial français vit ses dernières heures. La fédération de l'Afrique-Occidentale française (AOF) sera dissoute après le référendum de septembre 1958. Formée en 1895, elle a réuni le Sénégal, le Soudan français (futur Mali), la Guinée, la Côte d'Ivoire, le Dahomey (futur Bénin), la Mauritanie, la Haute-Volta (futur Burkina-Faso), le Niger et le Togo. Autant de nations qui accéderont à leur indépendance en 1960 (et même dès 1958 pour la Guinée).
La même libération attend l'Afrique-Équatoriale française (AEF) qui englobe depuis 1910 le Gabon, le Moyen-Congo (dont une partie appartiendra à l'actuelle République du Congo), le Tchad et l'Oubangui-Chari (future République centrafricaine).
En Afrique du Nord, le démantèlement de l'empire français a aussi commencé. Les protectorats entre la France et le Maroc et la Tunisie sont abrogés en mars 1956. L'Algérie devra attendre juillet 1962 pour recouvrer sa souveraineté à l'issue d'une guerre longue et meurtrière.

Dans la France coloniale, le Sahara occupe une position stratégique majeure. La découverte de gisements de pétrole au printemps 1956 dans la région de Hassi Messaoud, dans le sud de l'Algérie, ravive l'intérêt des Français pour l'Afrique du Nord. Les industriels participent activement à l'effort national pour l'exploitation du sous-sol algérien. À cet effet, le constructeur lyonnais Berliet imagine un monstrueux camion de 100 tonnes tandis que Citroën adapte sa 2 CV pour la conquête du désert.

Avec ses quatre roues motrices, la 2 CV Sahara est taillée pour franchir les dunes.

Comme au temps de la Croisière Noire, dans les années 1920, Citroën continue de s'intéresser au marché africain.

L'exploitation des ressources pétrolières a guidé la conception de la 2 CV Sahara.

La 2 CV Sahara est présentée à la presse en avant-première dans les dunes de sable qui se cachent au cœur de la forêt d'Ermenonville dans le nord de l'Île-de-France. Son lancement commercial a lieu sept mois plus tard en octobre 1958, dans le cadre du Salon de l'Automobile.

Le concept de ce modèle étrange consiste à équiper notre vaillante berline de deux moteurs : l'un à l'avant, dans sa position habituelle, le second à l'arrière, à l'emplacement du coffre à bagages, chaque moteur entraînant les deux roues correspondantes. Le montage de deux bicylindres de 425 cm^3 entraîne l'augmentation de la puissance totale disponible qui passe à 2 x 12 ch soit 24 ch. La 2 CV Sahara dispose aussi de deux boîtes de vitesses commandées par un levier unique.

Extérieurement, la 2 CV Sahara prend des allures de baroudeuse avec sa roue de secours encastrée dans le capot avant, sa malle arrière où une trappe s'ouvre pour améliorer le refroidissement du moteur, les ouïes d'aération percées dans les panneaux de custode, le remplissage de carburant placé dans la porte avant et les passages de roues arrière découpés. L'assiette générale de la voiture est surélevée pour augmenter la garde au sol. La diffusion de la 2 CV Sahara – trop chère – ne dépassera pas 694 exemplaires, les derniers étant livrés en 1967.

Arrivée tardivement dans une France qui doit désormais assumer la décolonisation, la 2 CV Sahara paraît bien inopportune.

Essentiellement dédiée à accompagner l'effort français dans l'exploration pétrolière, la 2 CV 4x4 n'a plus de raison d'être. Citroën parvient à en écouler quelques exemplaires auprès de la police espagnole. Souvent les échecs commerciaux génèrent, beaucoup plus tard, les demandes les plus ardentes de la part des collectionneurs. La 2 CV 4x4 Sahara, rare et étrange, confirmera ce dérapage de la postérité !

Malgré les intentions publicitaires, la carrière de la 2 CV Sahara n'est pas passée par les loisirs.

LA DERNIÈRE 2 CV DE LOUIS AUDOUIN-DUBREUIL

Les différentes expéditions Citroën en Centre-Asie, en Afrique et dans le Sahara constituent des aventures exceptionnelles à nulle autre pareille au XXe siècle en matière d'explorations, de découvertes scientifiques, sociales et géographiques. Parmi ces hommes, Louis Audouin-Dubreuil, chef des missions Citroën Centre-Afrique, La Croisière Noire de 1924-1925, et Centre-Asie, la Croisière Jaune de 1931-1932. Sans oublier la Traversée du Sahara en 1922-1923.

Au début de l'année 1953, l'explorateur prend possession d'une 2 CV A neuve pour parcourir le Sahara durant sa retraite. Vouant une confiance absolue à l'endurance et la fiabilité des 2 CV, il en possédera deux.

Il part de Zarzis en Tunisie pour atteindre l'oasis de Timimoun dans le Gourara saharien, en franchissant le Grand Erg Occidental. Là, il possède un bordj où il passe ses hivers en méditation.

Après son décès en 1960, sa fille Ariane hérite de la voiture et continue de l'utiliser. Afin de la rafraîchir, elle est repeinte en bleu Sidi Bou Saïd. L'automobile est stationnée dans le garage de la propriété pendant quelques années, prend la poussière et n'est plus en état de rouler.

Lors du banquet annuel de l'Amicale des Anciens André Citroën en 2005, auquel certains membres de clubs dédiés à la marque au double chevron étaient conviés, Ariane annonce qu'elle offrait l'une des 2 CV ayant appartenu à son père à qui viendrait la chercher en Tunisie ! Il n'en fallait pas plus pour qu'Étienne et Marie Christian préparent le déroulement du voyage pour le rapatriement de ce bicylindre qu'Ariane offrait à leur jeune fils Adrien. C'est ainsi qu'en 2005 et 2006, deux voyages auront été nécessaires entre Zarzis et la région parisienne pour la reconnaissance, la remise en état pour rouler en toute sécurité et son retour en France.

Comme un clin d'œil aux belles histoires de voyage, cette 2 CV est actuellement rangée, entourée d'une Baby Brousse fabriquée en Côte d'Ivoire, d'une Dalat fabriquée au Vietnam, d'une Bijou fabriquée en Angleterre, et d'une des autochenilles de la Croisière Blanche.

Ariane Audouin-Dubreuil remet à Adrien Christian les clés de la 2 CV AZ de son père, à l'ombre des palmiers de la Zaouïa.

Louis Audouin-Dubreuil multiplie ses voyages dans le grand sud tunisien au volant de sa 2CV A.

Renversante 2 CV quand tu nous tiens ! Vérification complète avant son retour par les routes tunisiennes et françaises.

« IL FALLAIT UNE BONNE DOSE DE CULOT ET DE CONVICTION POUR ENVISAGER DE FAIRE DE LA 2 CV UNE VOITURE DE SPORT »

TENTATIONS SPORTIVES

Parfois l'on rencontre la 2 CV sur des terrains où on ne l'attend pas. Et pas seulement dans les dunes du Sahara ! Cette automobile placide et raisonnable, qui fait l'éloge de la lenteur et prône le fonctionnalisme, s'aventure de temps à autre sur les circuits de course ! Qui l'eut cru ? Qui aurait eu l'audace de l'imaginer ? Qui aurait pu penser que cette vaillante besogneuse calibrée pour les tâches ingrates et chaussée pour les chemins boueux serait un jour détournée de sa vocation originelle pour participer à des compétitions sportives ?

Comme vingt ans auparavant, à l'époque des « Petites Rosalie », Citroën et le pétrolier Yacco s'unissent autour d'un projet sportif focalisé sur la quête d'un record de vitesse. L'ingénieur Pierre Barbot entreprend la métamorphose d'une 2 CV, il la transforme en spider à deux portes et la dote d'un moteur dont la cylindrée a été réduite à 348 cm^3 pour satisfaire à la réglementation de la classe « Y ». Elle est pilotée par son concepteur et par Jean Vinatier, que l'on retrouvera plus tard au volant des Alpine championnes du monde des rallyes dans les années 1970 !

La 2 CV décroche neuf records internationaux, dont celui des douze heures établi à 90,960 km/h de moyenne et celui des vingt-quatre heures à 85,02 de moyenne. La 2 CV réussit cette performance le 27 septembre 1953, quelques jours après avoir disputé le 25e Bol d'Or.

Il fallait une bonne dose de culot et de conviction pour envisager de faire de la 2 CV une voiture de sport et plusieurs artisans ont pourtant relevé le défi. Le plus assidu a été Jean Dagonet, un ancien minotier installé à Faverolles, près de Reims. Dans sa vie de tous les jours, il fabrique une gamme de pièces permettant l'amélioration de la puissance des moteurs : des tubulures d'admission et d'échappement, des carburateurs, des cylindres en aluminium, des échappements simples ou doubles. Ces accessoires sont commercialisés sous la marque DF Chrome. Jean Dagonet entreprend la préparation de plusieurs 2 CV en les équipant de ces pièces ensorcelées et les engage dans des grandes épreuves aussi respectables que le Bol d'Or en 1954 ou les Mille Miglia en 1955.

Préparée par Jean Dagonet, la 2 CV s'est muée en machine de course !

Pierre Barbot a transformé la 2 CV pour en faire une voiture de record !

Dagonet a commercialisé un petit nombre de 2 CV surbaissées, retouchées et vitaminées.

En 1956, un prototype équipé d'une carrosserie en polyester est fabriqué dans l'atelier de Dagonet.

Pour peaufiner sa préparation, Jean Dagonet modifie aussi la silhouette de la 2 CV en la surbaissant pour améliorer le coefficient aérodynamique et abaisser le centre de gravité. Le style général est cependant conservé, simplement personnalisé, parfois, au niveau de la calandre. La forte inclinaison du pare-brise et de la lunette arrière change la perception de l'ensemble, tout comme l'affaissement de la garde au sol. En outre, une grosse prise d'air est greffée sur le capot pour gaver en air le bicylindre vitaminé.

Après avoir écoulé quelques dizaines d'exemplaires auprès de clients sportifs et téméraires, André Dagonet se lance dans un projet plus ambitieux qu'il dévoile en octobre 1956 au Salon de l'Automobile. Cette fois, la caisse en matière synthétique ne doit plus rien à la 2 CV en matière de style. Les ailes et les phares sont intégrés dans un volume général qui s'avère particulièrement disgracieux. En perdant la dégaine de la 2 CV, le projet perd tout son charme.

Le coupé Dagonet ne dépasse pas le stade du prototype et après cette expérience peu concluante, Jean Dagonet renonce à s'impliquer en son nom propre. Il rejoint alors l'aventure UMAP de Camille Martin. Car la 2 CV n'a pas fini de servir de base à des initiatives hasardeuses !

La transformation la plus radicale apparaît en octobre 1955 sur un petit stand caché au fond du Grand Palais dans le cadre du Salon de l'Automobile. Les établissements S.E.P.A., animés par Jean-Marie de Pontac, issu d'une grande famille de viticulteurs, présentent une barquette singulière, surbaissée, extra-plate, dépourvue de portes. La partie centrale de la carrosserie est réalisée en aluminium tandis que les extrémités sont moulées en matière plastique. La De Pontac 500 pèse 460 kg et atteint 120 km/h grâce à son moteur porté à 500 cm^3 (71,5 x 62 mm) qui délivre 26 ch. En octobre 1957, De Pontac revient au Grand Palais avec le même modèle mais dans

une version évoluée et encore plus excentrique. Cette fois, la carrosserie est fermée, couverte par un cockpit généreusement vitré, et elle est décorée d'un étonnant habillage fleuri à dominante rouge ! Un mannequin vêtu d'une robe imprimée du même motif présente l'étrange barquette sur le stand. On aperçoit encore une De Pontac 500 qui participe au Grand Prix de Paris à Montlhéry, en avril 1956, mais sa commercialisation tourne court et ne dépassera pas vingt-cinq unités.

Au même Salon de Paris 1957, une autre marque attirée par la mécanique de la 2 CV fait ses débuts. Il s'agit de l'Usine Moderne d'Application Plastique (U.M.A.P.), installée à Bernon, dans l'Aube, une fabrique fondée en 1956 par Camille Martin. Le modèle 425 SM est un coupé plutôt gracieux fabriqué en matière plastique et dont le style est attribué à Jean Gessalin, qui sera associé aux frères Chappe dans l'aventure CG et qui est l'auteur de la toute première Alpine A106 en 1955. Malheureusement, le coupé UMAP est vendu une petite fortune, 920 000 francs, alors qu'une 2 CV de base ne coûte que 390 000 francs. À ce prix-là, la production de l'UMAP 425 SM est limitée à une cinquantaine d'exemplaires sur deux ans.

La De Pontac 500 dans sa tenue fleurie du Salon de Paris 1957.

Le stand UMAP au Salon de Paris 1957 où sont exposés deux exemplaires du coupé 425 SM.

Autre projet, celui-là beaucoup moins satisfaisant sur le plan esthétique : un coupé proposé par l'Atelier de Carrosserie Métallique Albert Clauzet, installé à Bretagne-de-Marsan, dans les Landes. Présentée au Salon de Paris 1959, cette automobile est affublée d'une regrettable caisse anguleuse en tôle pliée, dotée d'un toit transparent en plexiglas. Elle est probablement restée unique en son genre.

Beaucoup plus réussie sur le plan du style et même très séduisante, une berlinette sportive a été créée par Guy Mismaque avec l'aide de Paul Guitton, un ancien de la carrosserie Brissonneau & Lotz. Elle est établie sur une plate-forme raccourcie de 2 CV (200 cm d'empattement au lieu de 240) et présente un profil très plaisant, bien équilibré, et terminé par des ailerons qui lui valent le nom de « Squal ». Ultralégère (360 kg) et dotée d'une mécanique préparée par Dagonet, la Mismaque Squal atteint 135 km/h. Terminée en octobre 1960, elle sera commercialisée au compte-gouttes, sept ou huit exemplaires étant fabriqués.

Les élaborations sur la plate-forme de la 2 CV sont innombrables, mais on peut citer pour finir un roadster ambitieux imaginé en 1956 par Robert Radar, un artisan belge qui possède un garage dans le quartier des Guillemins à Liège. Sa caisse moulée en polyester est complètement enveloppante, plutôt voluptueuse et dépourvue de portes. Une quarantaine d'unités auraient été livrées avant que le projet ne sombre dans l'oubli.

C'est hélas le sort de toutes ces initiatives sympathiques qui ont voulu sublimer l'image de la 2 CV.

La Mismaque Squal affiche une ligne remarquable qui gomme toute référence à la 2 CV.

Difficile de faire plus laid que ce coupé 2 CV taillé à coups de serpe par Clauzet.

Ce sympathique roadster a été imaginé par l'artisan Robert Radar en Belgique.

Une téméraire 2 CV
participe au Tour de
France en 1951.

LES ANNÉES SOIXANTE

REMISES EN QUESTION

Bien sûr, une carrière qui s'étend sur quatre décennies ne peut pas suivre un cours tranquille et linéaire. Pour connaître une telle longévité, la 2 CV doit s'adapter aux frémissements de la société, aux évolutions des styles de vie. Dans cette perspective, elle entreprend une opportune conversion pendant les années 1960, au beau milieu des Trente Glorieuses.

La version AZAM lancé en 1963 (ici dans sa version 1967) a des velléités statutaires.

TREMBLEMENTS

La formule qui désigne les trois décennies s'étalant de 1945 à 1975 est commode mais trop simplificatrice. Il faut bien reconnaître que les Trente Glorieuses n'ont pas été glorieuses pour tout le monde et que la gloire a connu des éclipses et des déconvenues.

Dans plusieurs pays industrialisés, la crise de Suez a porté un coup d'arrêt brutal à une expansion qui paraissait indéfectible. La tension naquit en juillet 1956 quand le président égyptien, Gamal Abdel Nasser, entreprit de nationaliser le canal de Suez. Les Français et les Anglais ont voulu riposter en envoyant leurs troupes, mais l'ONU exigea leur retrait, sous la pression des États-Unis et de l'URSS. La fermeture du canal pendant quatre mois déclencha une crise économique internationale qui fit vaciller l'industrie automobile. En Amérique, la production chuta de 6,1 millions d'unités produites en 1957 à 4,2 millions l'année suivante.

Aussitôt, la situation politique entraîna des restrictions de carburant. Ce fut un véritable cataclysme pour les Américains découvrant une notion qui leur était jusque-là inconnue ; un traumatisme pour une société organisée autour de la consommation. Les voitures américaines n'avaient pas cessé de grossir depuis la Seconde Guerre mondiale. Leurs énormes moteurs V8 gaspillaient sans compter un or noir qui coulait à flots. Leurs carrosseries de plus en plus agressives, chargées de chrome et d'acier, atteignirent le paroxysme de l'arrogance avec le millésime 1959.

Le revers est sévère. Les trois grands groupes américains, les « Big Three », sont conduits à concevoir des voitures dites compactes (*compact cars*), de dimensions réduites quoique comparables aux plus grandes des berlines européennes. Elles apparaissent pour le millésime 1960 et se nomment Chevrolet Corvair chez General Motors, Falcon chez Ford et Valiant chez Chrysler. Avec leur gabarit revu

Au Salon de Paris en 1958, les constructeurs américains présentent encore des vaisseaux arrogants et chargés de chromes, à l'image de cette Mercury Montclair.

La Régie Renault tente une percée sur le marché nord-américain à l'aune de la crise de Suez et envoie outre-Atlantique plusieurs Liberty Ships chargés de Dauphine.

à la baisse, ces berlines écornent le mythe de la « belle américaine ».

Les mentalités changent à l'aune de la récession. Plusieurs constructeurs européens profitent d'un contexte qui leur semble favorable. Volkswagen conforte son implantation aux États-Unis avec la Beetle (« Coccinelle » en France) dont va s'emparer une génération remettant en cause la société de consommation. La Volkswagen avec sa silhouette désuète tranche avec la démesure des américaines. Elle devient le porte-drapeau du *Flower Power*, qui aspire avec ingénuité à la paix et à la non-violence. La Régie Renault aimerait bien s'engouffrer dans cette brèche et elle tente une percée sur le marché américain avec la Dauphine. La gracieuse berline tricolore connaît un certain succès et Renault parvient à exporter jusqu'à 117 000 voitures en 1959.

En février 2012, la maison de vente Artcurial adjuge 58 000 € une 2 CV AZAM qui avait été vendue neuve à Beverly Hills, en 1965, au collectionneur américain Bill Harrah !

En revanche, Citroën n'a rien à proposer à la clientèle étasunienne. La DS est trop sophistiquée, trop décalée pour un public conservateur; quant à la 2 CV, elle est regardée à l'étranger comme une curiosité vernaculaire et serait saugrenue dans le décor de l'Amérique du Nord.

L'industrie française ne sort pas indemne de la crise économique qui frappe l'Europe au début des années 1960. La doyenne des marques nationales, Panhard, est emportée dans la tourmente. En 1965, elle perd complètement son indépendance et finit par être absorbée par Citroën, qui avait déjà pris 25 % de son capital en 1955, puis porté sa participation à 55 % en 1958 et 76 % en 1963. Devenue l'unique actionnaire de la société Panhard, Citroën suspend la production des automobiles Panhard et utilisera leurs chaînes pour assembler des fourgonnettes 2 CV.

En ce même an de grâce 1967, Citroën prend une participation dans l'Officine Maserati à hauteur de 60 %. Cet accord porte sur une collaboration technique qui donnera naissance au moteur devant équiper la SM en 1970. Citroën ose un grand écart entre l'ambitieuse SM et la 2 CV infiniment simple !

La firme Simca, elle aussi soumise au réalisme des restructurations, devient une filiale du groupe américain Chrysler en 1963. Enfin, cette époque ingrate voit la disparition de Facel Vega. Après avoir réussi à recréer en France un label prestigieux, elle est mise en liquidation au lendemain du Salon de l'Automobile 1964.

Dans la circulation de Clermont-Ferrand, la 2 CV commence à accuser son âge à côté des Dauphine, 403, Panhard 24 et autres Ami 6 plus modernes.

Yves Montand savoure le charme d'une Facel Vega HK 500, un coupé de grand tourisme qui avait défendu le luxe à la française avant que la firme ne sombre corps et biens.

Au milieu des années 1960, cinq marques se partagent l'essentiel du marché français : Citroën, Panhard, Peugeot, Renault et Simca. Elles dominent le parking de ce négociant de la banlieue parisienne.

LA MAGIE DU VOYAGE

Oubliée l'image de la 2 CV campagnarde, coqueluche des champs, rurale dévouée; dépassée sa réputation de paysanne à l'aise avec les roues pataugeant dans la boue plutôt que filant sur l'asphalte. Désormais, la 2 CV veut vivre avec son temps, au sein d'une société qui goûte de plus en plus aux loisirs et qui voyage. Elle n'hésite plus à parcourir la France en transportant des jeunes couples et des familles entières dans ses escapades.

L'heure est aux échappées belles. Les Français fredonnent la mélodie de Charles Trenet sur l'air de la Nationale 7. C'est la route qui mène «*vers les rivages du Midi*», dit la chanson, «*la route des vacances qui traverse la Bourgogne et qui fait d'Paris un p'tit faubourg d'Valence et la banlieue de Saint-Paul-de-Vence*». Un peu plus de vingt ans après la victoire du Front populaire et l'avènement des congés payés, la Nationale 7 reste la voie symbolique vers les vacances, le soleil et la mer, rôle qu'elle partage avec la Nationale 6 qui offre un autre itinéraire pour rallier Lyon en venant de Paris. La RN6 traverse le Nivernais tandis que la «7» passe par la Bourgogne. C'est sur le cours de la RN6 que se trouve la fameuse et redoutée côte de La Rochepot où fumèrent des générations de semi-remorques, où dérapèrent des dizaines d'automobilistes surpris par le verglas. C'est au bord des nationales que défilent les platanes, cerclés de blanc, ces arbres dont le président de la République lui-même, en l'occurrence Georges Pompidou, fait l'apologie. «*La sauvegarde des arbres plantés au bord des routes [...] est essentielle pour la beauté de notre pays, pour la protection de la nature, pour la sauvegarde d'un milieu humain*», écrit-il en juillet 1970.

Tout un monde se développe le long de la route, dans les stations-service aux architectures futuristes, dans les auberges et les hostelleries qui fleurissent à l'aune du développement du tourisme. La chaîne des Relais de Campagne née en 1954 fait des émules. Un de ses membres dissidents crée une chaîne concurrente qu'il appelle les «Châteaux-Hôtels, Gentilhommières et Vieilles Demeures». Les Relais Routiers qui accueillaient les camionneurs depuis les années 1930 séduisent désormais les vacanciers.

Modeste et bon marché, la 2 CV ne commet aucun péché, ce qui lui vaut la réputation d'être le véhicule préféré des religieuses.

Désormais la 2 CV – ici un modèle AZAM – n'hésite plus à prendre la route pour des échappées belles.

La France tarde à tisser son réseau d'autoroutes, contrairement à l'Allemagne et aux États-Unis qui ont entrepris le développement d'un maillage dès les années 1930. Il faut attendre la Libération pour assister à l'inauguration de l'autoroute de l'Ouest à la sortie de Paris. Ensuite, c'est vers le sud que le réseau se déploie. Le premier tronçon de l'autoroute du Sud, long de moins de quarante kilomètres entre Paris et Le Coudray-Montceaux, est ouvert en 1960. Suivra la liaison entre Auxerre et Nitry en 1963, puis entre Nitry et Avallon en 1967, pour se poursuivre jusqu'à Pouilly-en-Auxois en 1969. Le parcours Paris-Lyon sans interruption sera possible en 1971.
La Nationale 7 a encore de beaux jours devant elle...

“LES FRANÇAIS FREDONNENT LA MÉLODIE DE CHARLES TRENET SUR L’AIR DE LA NATIONALE 7”

Dans ses publicités, Citroën continue à mettre en scène la 2 CV dans des ambiances récréatives et familiales.

Sur l'autoroute du Sud, les 2 CV
ne s'aventurent pas en dehors
de la voie des véhicules les plus lents.

LE SENS DE L'ADAPTATION

La France rurale serpente entre les paradoxes. Entre 1946 et 1974, la production agricole va pratiquement doubler alors que dans le même temps la superficie cultivée diminue de 10 % et la population agricole est réduite de sept à trois millions de personnes ! Ces chiffres contradictoires reflètent les gains de productivité qui ont été acquis grâce à l'augmentation spectaculaire des rendements due à l'utilisation des engrais et au recours d'aliments pour le bétail. La croissance de l'agriculture se conjugue avec le déclin de sa place dans l'économie. En 1975, l'agriculture ne représentera plus que 5 % du produit intérieur brut contre 17 % au lendemain de la guerre. La production industrielle progresse deux fois plus vite.

La 2 CV peut de moins en moins se satisfaire de la clientèle rurale dont la marginalisation progresse toujours. Il faut séduire de nouveaux publics, attirer les citadines et les citadins, charmer les jeunes. La 2 CV doit impérativement se faire plus avenante. Une mutation qui passe par la couleur, un minimum d'éclat, un semblant de raffinement, un soupçon de confort ; la 2 CV va s'y employer.

Au Salon de l'Automobile, en octobre 1960, une nouvelle teinte apparaît sur le nuancier : le vert « embrun », guère plus festif, toutefois, que le gris « acier » et le bleu « glacier ». Deux mois après la fermeture du salon, la 2 CV offre un nouveau visage : le capot ondulé est remplacé par une pièce plus harmonieuse, parcourue de cinq nervures et incluant une calandre affinée aux contours arrondis. Sur les flancs, les ouïes d'aération ont été remplacées par une écope soulignant l'ouverture du capot. Des détails qui confèrent à la 2 CV un faciès moins revêche.

Pour mettre en valeur le nouveau visage de la 2 CV, des couleurs plus chatoyantes apparaissent bientôt. Un jaune « Panama » et, un peu plus tard, un rouge « pavot », enfin des teintes primaires qui égaient le propos. Il fallait ajouter ces quelques touches de chatoiement pour convaincre un public toujours plus jeune et plus urbain. Sur les annonces publicitaires et à travers les prospectus, des mises en scène exaltent l'aptitude de la 2 CV aux sorties du week-end, au shopping dans les supermarchés qui se multiplient à la périphérie des villes, aux sorties entre amis, aux petits déménagements...

La 2 CV s'adresse de plus en plus à la clientèle féminine que la publicité sexiste ne manque pas d'associer à la corvée des courses.

En septembre 1961, les sapeurs-pompiers de Draguignan imaginent une 2 CV composée de deux parties avant greffées ensemble, parfaitement symétriques, avec deux postes de pilotage et deux moteurs, un montage qui permet de s'enfoncer sur des sentiers étroits tout en pouvant rebrousser chemin sans faire demi-tour.

Plus question de se reposer sur les lauriers de la simplicité et de l'authenticité : la 2 CV doit se pomponner, se montrer moins revêche, plus accueillante. En mars 1963, l'apparition de la version AZAM (AMéliorée !...) transforme définitivement la tonalité de la 2 CV. Sans parler de luxe, cette proposition apporte un supplément de raffinement. Les pare-chocs sont munis de crosses tubulaires protectrices, des joncs chromés cernent les vitres et les phares et ornent le capot, des enjoliveurs décorent le centre des jantes et le capot. La gamme des coloris s'étend aux blanc lavande, blanc Paros, bleu de Provence, gris anthracite, gris sable, rouge carlin et vert olive. Opulence et diversité ! À l'intérieur, une débauche de petites attentions attire le chaland : un miroir de courtoisie côté passager, un plafonnier, un volant stylé et surtout des fauteuils rembourrés empruntés à l'Ami 6. Une planche de bord moins spartiate accompagnée d'un volant plus stylé et d'une instrumentation plus complète constituent autant de petites attentions dont la 2 CV n'avait jamais osé rêver.

La physionomie de la 2 CV change encore en octobre 1965 grâce à une nouvelle grille de calandre épurée, barrée de trois baguettes horizontales et débarrassée du double chevron. Les versions AZA et AZAM bénéficient enfin d'une troisième vitre latérale pour améliorer la visibilité et la luminosité à bord. La 2 CV s'éclaire et s'éclaircit.

Avec cette publicité pour le modèle AZL de 1961, qui arbore sa nouvelle face avant, la clientèle visée est bien éloignée de la vocation rurale des origines.

Une débauche de luxe pour la variante AZAM, ses sièges plus douillets et ses décorations chromées.

la liberté !!
la liberté
la liberté !
la liberté !
la liberté !
la liberté !
la liberté !
1234-AB06

L'ÉCOLE FRANÇAISE DU FONCTIONNALISME

La perception de l'automobile évolue sensiblement. Désormais, la 2 CV n'est plus seule sur le marché français à défendre l'approche minimaliste qu'elle assume depuis ses débuts. Au cours de l'été 1961, la Régie Renault dévoile les R3 et R4 qui procèdent de la même démarche. La R3 possède un moteur de 603 cm³ développant 22,5 ch tandis que la R4 dispose d'un 747 cm³ délivrant 27 ch. Il est clair que la 2 CV est dans le collimateur de Renault. La carrosserie des R3 et R4 a été dessinée dans une perspective éminemment fonctionnaliste, sans le moindre souci esthétique. Elle joue le jeu du pragmatisme sans concession. La R4 n'a aucun charme, n'affiche aucun signe extérieur de raffinement, mais elle revendique fièrement son caractère économique et pratique, comme en témoigne le hayon arrière qui facilite le chargement. À l'intérieur, on trouve des sièges tubulaires, comme sur la 2 CV. Les pare-chocs se limitent à de simples barres tubulaires et sur les versions de base, la calandre se résume à des fentes percées dans la tôle de la face avant. Pour s'aligner sur la 2 CV, les R3 et R4 peuvent bénéficier d'un toit ouvrant en toile.

Pierre Dreyfus, président socialiste de la Régie Renault de 1955 à 1975, entend provoquer des nouveaux réflexes chez les consommateurs et faire évoluer les motivations d'achat. À la 4 CV, gracieuse et

En 1963, la publicité insiste sur la capacité de chargement de la 2 CV grâce à son toit en toile et montre enfin des coloris plus chatoyants.

Avec la présentation des Renault R3 et R4 au Salon de l'Automobile 1961, la 2 CV va désormais avoir une redoutable concurrente.

Le charme irremplaçable d'une décapotable.

aguichante, il oppose désormais une R4 humble et utilitaire, ne faisant plus aucune concession aux apparences. Ancrée dans le terroir national, rustique et pratique, elle vient se ranger à côté de la 2 CV dans l'inconscient collectif. L'industrie française découvre les charmes vertueux d'un design fonctionnel.

Et voici la 2 CV doublée par sa nouvelle concurrente sur le parti de l'humilité. Elle n'est plus seule sur le terrain du minimalisme ; on parlerait aujourd'hui de décroissance. Avec la R4 en point de mire, la 2 CV va devoir faire fructifier ses qualités naturelles et offrir de nouvelles fonctionnalités pour rivaliser avec sa jeune rivale. À partir de mars 1962, Citroën commercialise la 2 CV Mixte, une variante plus utilitaire sous-traitée par la société ENAC. À l'arrière, le simple couvercle de coffre est remplacé par un hayon qui englobe la lunette. Comme la R4. En outre, la banquette arrière peut se rabattre pour libérer un vaste espace de chargement sur un plancher plat et ondulé. La roue de secours a été déplacée sous le capot moteur afin de ne pas encombrer ce volume.

Du côté des utilitaires, Citroën doit aussi répliquer à Renault, qui a d'emblée prévu une fourgonnette dérivée de sa R4. Une nouvelle version de la 2 CV vient compléter la gamme des fourgonnettes : le modèle AK se différencie de l'AZU par le montage du moteur 602 cm^3 22 ch de l'Ami 6 et surtout par l'allongement du porte-à-faux arrière de vingt centimètres, qui permet de faire passer la charge utile de 250 à 350 kg afin de capter de nouveaux corps de métier.

Avec son hayon arrière, la version « Mixte » de la 2 CV – dite aussi « ENAC » – peut rivaliser avec la Renault R4.

azenac

veut dire 2 cv break

Au Salon de l'Automobile 1961, qui se déroule pour la dernière fois dans le cadre somptueux du Grand Palais à Paris, les 2 CV sont encore présentes sur le stand Citroën, complètement décalées entre les Ami 6 et DS 19 ultramodernes.

UN CLIMAT DE RÉBELLION

Un vent de contestation souffle sur le monde occidental. Au lendemain de la crise de Suez, l'Amérique se remet en question. Les étudiants contestent de plus en plus une société trop matérialiste, rythmée par la consommation et entraînée par l'appât du gain. Les mouvements de révolte naissent aux États-Unis puis se répandent comme une traînée de poudre dans tout le monde occidental présumé *développé*. Le désenchantement alimente la contestation dans toute l'Europe, gagne l'Allemagne, l'Italie, la Grande-Bretagne et la France. Les « événements » de mai 1968, nés dans les universités parisiennes, finissent par gagner les usines. Les étudiants entraînent les ouvriers dans leur sillage.

La volonté de changer de paradigme et de transformer la vie quotidienne concerne tous les aspects de la consommation. Forcément, dans le climat de protestation généralisée, l'automobile se trouve en première ligne parmi les emblèmes les plus clinquants de la société. La voiture n'est plus un objet de convoitise pour une large partie de la jeunesse qui a perdu ses illusions. Elle ne la fait plus rêver.

Le phénomène ne fait que s'amorcer. La prise de conscience de l'insécurité routière et l'émergence des premiers courants écologistes renforceront le réquisitoire des contempteurs et conforteront les futures générations dans leurs critiques.

À l'heure où le paraître est condamné, où l'affichage du luxe est réprouvé, le caractère minimaliste de la 2 CV semble être en parfaite adéquation avec le malaise ambiant. Force est de constater qu'au volant de la 2 CV, les contestataires affichent ouvertement, de façon caricaturale, leur détachement vis-à-vis de toutes les formes d'esbroufe et leur libération de toutes les contingences de l'ostentation. La 2 CV, nouvelle icône d'un monde libertaire !

La 2 CV n'est pas épargnée quand il s'agit d'élever des barricades dans les rues de Paris en mai 1968 !

La 2 CV devenue le symbole d'une jeunesse insouciante et libérée.

CONQUÉRIR LE MONDE

En 1960, Flammarion publie *La terre en rond* dans la collection L'aventure vécue, un livre signé par Jean-Claude Baudot, expert en art, et Jacques Séguéla, publicitaire extraverti et bronzé. Ils racontent leur tour du monde en 2 CV, cent mille kilomètres d'aventures et de rencontres au fil d'une équipée qui fait connaître la vaillante 2 CV sur tous les continents.

Depuis des lustres l'industrie automobile française cherche à conquérir tous les marchés étrangers, y compris les plus lointains, soit en exportant ses produits, soit en les assemblant sur place à partir de pièces détachées envoyées d'Europe. Les pays en voie de développement sont particulièrement scrutés par les constructeurs français qui pressentent un potentiel de développement considérable dans ces régions du monde. À chacun sa destination. L'Afrique est la chasse gardée de Peugeot, dont les produits sont réputés pour leur solidité. Ses pick-up seront assemblés au Kenya, au Nigeria, à Madagascar, en Rhodésie et en Afrique du Sud.

L'Amérique du Sud est convoitée par les quatre constructeurs français. La Régie Renault y scelle plusieurs accords qui débouchent sur l'assemblage de la Dauphine : elle s'associe avec Willys-Overland do Brasil en décembre 1958 et Industrias Kaiser Argentina en novembre 1959. La démarche de Simca est plus marginale et se limite à la création, en mai 1958, d'une filiale au Brésil pour fabriquer des modèles dérivés de la Chambord.

La politique de Citroën est plus agressive. Elle s'appuie essentiellement sur la 2 CV, qui semble correspondre mieux que n'importe quel autre produit à l'attente des contrées les plus pauvres. En Argentine, la Citroën Argentina S.A. inaugure une usine à Buenos Aires en mai 1960. Les types AZL et AZU y sont assemblés avec des composantes en provenance de

« L'INDUSTRIE AUTOMOBILE FRANÇAISE CHERCHE À CONQUÉRIR TOUS LES MARCHÉS ÉTRANGERS, Y COMPRIS LES PLUS LOINTAINS »

Dans le récit *La Terre en rond*, la 2 CV est la fidèle partenaire des aventuriers pour découvrir le monde.

Son caractère cosmopolite devient un argument publicitaire pour la 2 CV.

Transformée en berline deux portes et nantie d'un coffre à bagages, la Citroneta chilienne affiche une personnalité bien tranchée par rapport à la 2 CV française.

l'usine de Forest, mais ils bénéficient de quelques petites attentions telles que les pare-chocs renforcés. Bientôt la 2 CV sud-américaine se transformera en 3 CV en recevant un moteur de 602 cm^3 développant 32 ch. Mais souvent la politique se mêle aux ambitions économiques. Quand la guerre des Malouines éclate, en mars 1982, la France, qui soutient la Grande-Bretagne, n'est plus en odeur de sainteté auprès du pouvoir argentin. Citroën doit alors quitter l'Argentine, tout au moins en son nom propre. La fabrication de la 3 CV est reprise par la société Industrias Eduardo Sal-Lari S.A.S. (I.E.S.). Elle est rebaptisée « America » en 1985 et « Superamerica » en 1987 en recevant un avant modernisé par le montage d'une calandre élargie en plastique et de phares carrés posés sur l'aile.

La 2 CV est aussi une silhouette familière au Chili. Là-bas, elle est fabriquée sous le diminutif « Citroneta » de 1953 à 1973 dans l'usine de Citroën Chilena S.A. installée à Arica, à l'extrême nord du pays. Les composants mécaniques sont importés de France, mais la législation locale imposant une part d'intégration locale, les carrosseries sont concoctées sur place. Les artisans locaux en profitent pour gratifier la Citroneta d'une particularité qui la distingue irrésistiblement de ses sœurs européennes : un profil « à trois volumes » avec une vraie malle arrière rapportée, abritée sous un toit en tôle et non en toile. Elle existe ici en deux versions, deux ou quatre portes, une autre singularité. On estime à environ 22 500 unités la production de la Citroneta, qui comptent aujourd'hui parmi les exécutions de la 2 CV les plus recherchées !

264

Équipée de pare-chocs renforcés et d'un moteur de plus grande cylindrée, la 2 CV devient 3 CV en Argentine.

LES ANNÉES SOIXANTE-DIX

CHANGEMENT D'ÈRE

L'âge d'or de l'automobile s'achève. Les chocs pétroliers de 1973 et 1980 entraînent des crises économiques qui seront fatales à plusieurs constructeurs… et à la passion pour l'automobile… La prise de conscience écologique et la mise en évidence de l'insécurité routière font évoluer les mentalités. Dans ce contexte, la 2 CV paraît de plus en plus désuète.

Le public fidèle de la 2 CV n'adhèrera jamais aux projecteurs rectangulaires.

48 C DT75

RÉSISTER AUX CHOCS

Le 6 octobre 1973, les membres de l'OPEP (Organisation des pays exportateurs et producteurs de pétrole) augmentent le prix du pétrole brut de 68 %. Le contrecoup ne se fait pas attendre. Les fabricants de voitures à hautes performances sont les premiers à être frappés. Les perspectives s'assombrissent pour plusieurs initiatives censées redorer le blason de l'industrie française : la Ligier JS2 et la Monica 450, qui devaient jouer un rôle significatif sur le front du grand tourisme et du prestige, disparaissent prématurément.

Pour Citroën, la période est pathétique. La firme aux chevrons doit renoncer à plusieurs de ses projets les plus ambitieux car les technologies mises en œuvre deviennent inopportunes. En quelques mois, la GS Birotor et la SM disparaissent de la gamme. La première est animée par un moteur rotatif qui a pour principal défaut d'être très gourmand en carburant. Cette mécanique révolutionnaire dont Citroën détient la licence d'exploitation pour la France a été conçue par l'ingénieur allemand Felix Wankel. Le moteur à pistons rotatifs présente de nombreux avantages théoriques – équilibre, compacité, simplicité, et fiabilité en raison de la limitation du nombre de pièces en mouvement – mais sa consommation est très élevée.

Autre déconvenue pour Citroën avec la SM, un coupé de grand tourisme propulsé par un moteur Maserati devenu hors sujet, qui n'est plus de saison par les temps d'austérité qui courent. La généralisation de la limitation de vitesse à 110 km/h sur les routes de France détourne le public des voitures rapides.

Dans ce contexte morose, Citroën se rapproche de Peugeot. Dans un premier temps, en juin 1974, Peugeot et Michelin concluent un accord au terme duquel Peugeot assure la gestion et la direction de Citroën. Puis, deux ans plus tard, en avril 1976, Michelin cède à Peugeot 90 % des parts qu'elle détenait chez Citroën. Dès lors, les deux marques vont devoir partager les études et le développement des nouveaux produits. La succession de la 2 CV, survivance de l'ère Michelin, est plus que jamais en question.

À peine sortie du premier choc pétrolier, l'économie mondiale rechute lorsque le Moyen-Orient s'embrase à nouveau. Avec l'entrée en guerre de l'Iran contre l'Irak, en septembre 1980, le prix du baril de pétrole passe de 13 à 50 dollars et entraîne de nouvelles mesures coercitives. D'origine géopolitique, les chocs pétroliers alertent le monde sur la précarité des sources d'énergie, qui oblige les industriels à réduire leur consommation de carburant. Cette prise de conscience accompagne la percée des partis écologistes en Allemagne et en France.

En France, en juin 1979, l'Agence pour les économies d'énergie encourage l'étude de prototypes efficients. Citroën développe le programme ECO 2000 dans ce cadre, mais la 2 CV semble de plus en plus exotique dans un monde qui change.

Au lendemain du premier choc pétrolier, Citroën doit suspendre prématurément la fabrication de la grande routière SM à moteur Maserati.

À l'aune de la crise économique, la 2 CV part à la recherche d'une nouvelle clientèle, plus jeune et plus féminine.

> « LA SUCCESSION DE LA 2 CV, SURVIVANCE DE L'ÈRE MICHELIN, EST PLUS QUE JAMAIS EN QUESTION »

Vouée à l'origine aux sentiers campagnards, la 2 CV devient la coqueluche des citadins marginaux.

LES LIMITES DU DÉCALAGE

Qui peut bien acheter une 2 CV dans les années 1970 ? La question se pose quand on observe l'évolution du marché français et la variété des produits qui sont proposés.

La 2 CV s'est marginalisée. À côté de la nouvelle génération des voitures populaires qui apparaissent sur le marché français, la 2 CV semble appartenir à une autre époque, à un autre monde.
La Renault 5 donne le ton et ouvre un nouveau chapitre. Avec son hayon arrière, son volume compact, son faciès souriant et ses boucliers en matière plastique, la Renault 5 définit l'image idéale de la citadine française, comme l'avait fait en Italie la Fiat 127 présentée un an auparavant.

À sa manière, la Renault 5 s'inscrit dans le prolongement de la contestation et de l'impertinence des années soixante-huitardes. Le discours des publicitaires évolue. Il n'est plus question de communiquer sur un mythe de l'automobile en pleine déconfiture. La petite dernière de la Régie Renault bénéficie d'une campagne de publicité originale. Elle joue le rôle de l'espiègle *Supercar* dans un dessin animé qui faisant l'objet de deux thèmes qui passent sur les écrans de cinéma : « Supercar en ville » et « Supercar sur la route ». Avec des scénarios qui montrent que la petite surdouée est à l'aise partout, qu'elle est polyvalente. Elle s'affiche dans la cité avec des yeux malins, un sourire timide et une voix rauque : l'image de l'automobile majestueuse est obsolète. La publicité ose plaisanter et tourner en dérision son sujet lui-même. L'automobile est démythifiée, humanisée, personnifiée. « Bonjour, je suis la Renault 5 ! » L'automobile cesse de se prendre au sérieux.

La 2 CV tente de trouver sa place dans un contexte où elle paraît si décalée. Elle instaure une relation inédite avec une partie de la jeunesse qui refuse l'ostentation. Elle devient un symbole de rébellion, un outil de revendication exaltant un style de vie engagé, responsable, contestataire. Au fil de sa carrière, la 2 CV a glissé de la rusticité à une dérision de la sophistication. Elle ne s'adresse plus aux paysans mais attire les citadins et accompagne l'émancipation des femmes, elle recrute sa clientèle dans tous les milieux, drague les étudiants fauchés comme les lycéennes nanties pourvu qu'ils acceptent d'affirmer leur différence.

La promotion de la Renault 5 s'appuie sur une BD qui raconte les aventures de *Supercar.*

La 2 CV s'adresse à un public résolument jeune et volontiers marginal clairement visé par la publicité.

La clientèle traditionnelle de la 2 CV ne sera jamais séduite par l'adoption de phares rectangulaires pour le millésime 1975.

Dans les messages officiels, la 2 CV se présente en symbole de la joie de vivre, de bons moments, du loisirs, elle veut être associée aux souvenirs de balades cheveux au vent, debout à l'arrière en se balançant pour accentuer le roulis... C'est ce public insouciant que met en scène la publicité. Et commercialement, ça marche ! Le succès de la 2 CV ne se dément pas. Ses ventes se maintiennent à un niveau très convenable jusqu'en 1977, et ce n'est qu'après son vingtième anniversaire que sa diffusion commencera à décliner.

Au fil du temps, les améliorations restent mineures. Pour le millésime 1970, Citroën réorganise la gamme des 2 CV, qui se dédouble en deux versions qui correspondent à deux motorisations : 2 CV4 et 2 CV6. La première conserve l'éternel moteur de 435 cm^3 tandis que la 2 CV6 dispose de la mécanique 602 cm^3 qui équipe les Dyane 6 et Ami 8.

Révolution ou crime de lèse-majesté, la 2 CV s'offre un lifting surprenant pour le millésime 1975 : les phares, toujours posés sur l'aile, sont désormais rectangulaires. Cette forme est censée donner une image plus contemporaine à la vénérable douairière familièrement surnommée « deudeuche ». Cette greffe semble incongrue sur une silhouette par ailleurs très datée. Le changement indigne les intégristes de la 2 CV éternelle, qui préfèrent son look ancestral plutôt que ces atours faussement contemporains.

Pour le millésime 1976, Citroën fait machine arrière et corrige le tir en lançant une nouvelle 2 CV Spécial placée tout en bas de la gamme : elle revient à une carrosserie à quatre glaces latérales seulement, à une capote sans cadre d'ouverture, à des phares ronds et à une couleur unique, le jaune vif. À l'intérieur, la 2 CV Spécial retrouve des sièges rustiques et un tableau de bord simplifié. La « deux pattes » retrouve le visage que ses adorateurs préfèrent.
De leur côté, les 2 CV4 et 2 CV6 poursuivent leur chemin, éclairé par leurs projecteurs rectangulaires.

> “ CITROËN A DÉCIDÉ D'ÉLABORER UNE BERLINE SUR LA PLATE-FORME MÉCANIQUE DE LA 2 CV REVÊTUE D'UNE CARROSSERIE ÉTRANGE ”

DÉRIVES ET DÉRIVÉS

La démarche est habituelle : tous les constructeurs cherchent non seulement à fidéliser leur clientèle, mais aussi à la faire monter en gamme au fil de ses achats. C'est dans cet esprit que Citroën a décidé d'élaborer une berline sur la plate-forme mécanique de la 2 CV, mais revêtue d'une carrosserie étrange. Quand l'iconoclaste Ami 6 est dévoilée, en mai 1961, elle choque par son style délibérément dérangeant avec son capot ondulant sur la face avant, les optiques rectangulaires, les flancs striés de multiples plis et l'inclinaison inversée de la lunette arrière. Il faut savoir que son créateur, Flaminio Bertoni, est très fier de ce style controversé qui constitue selon lui son chef-d'œuvre, bien plus que la DS unanimement encensée !

Malgré cette esthétique discutée et malgré une qualité de fabrication approximative – défaut partagé avec beaucoup de voitures françaises –, l'Ami 6 devient la voiture la plus vendue en France en 1966. En mars 1969, elle est remplacée par l'Ami 8, qui se distingue par un profil plus conformiste abandonnant la lunette arrière inversée. En janvier 1973, elle se double d'une version Ami Super qui possède un nouveau moteur quatre-cylindres. Nous sommes désormais bien loin du concept de la 2 CV. L'Ami Super disparaît discrètement au bout de trois ans et l'Ami 8 la suit au musée en septembre 1978. Pendant ce temps, la 2 CV poursuit son bonhomme de chemin, partie pour survivre à la gamme des Ami pendant une douzaine d'années !

La question de son remplacement n'a toujours pas été résolue. Sans cesse, en haut lieu, on s'interroge sur la pérennité de la 2 CV. Après diverses hypothèses et beaucoup de tergiversations, on peut croire que la Dyane va enfin prendre le relais

L'Ami 6 vise un public féminin et chic, comme en témoigne le choix de ce décor.

L'essentiel de l'originalité du dessin de Flaminio Bertoni pour l'Ami 6 réside dans sa lunette arrière.

de la 2 CV. Présentée en juillet 1967, elle est fondée sur la même plate-forme technique que la 2 CV et sa carrosserie respecte des proportions semblables, sa silhouette haute, sa dégaine dégingandée, ses vitres plates, ses ailes rapportées. Le style est plus anguleux, le mufle est élargi et – comble de modernité – les phares carrés sont intégrés dans les ailes.

Mais l'objectif ne sera jamais atteint et la destitution programmée de la 2 CV sera encore reportée. Bien que d'allure plus moderne, ou peut-être à cause de ce simulacre d'actualisation, la Dyane ne parvient pas à percer. Elle se retirera en juillet 1983 alors que la 2 CV a encore de belles années à vivre !

La Dyane donne naissance à la Méhari, développée par le cabinet de design de Jean-Louis Barrault. Présentée inopportunément en mai 1968, elle est beaucoup mieux accueillie que la Dyane et elle lui survivra. Toutefois, il s'agit d'un modèle voué à rester marginal, dévolu essentiellement à un usage récréatif.

Avec le recul du temps, l'Ami 6 est indissociable du décor des années 1970.

L'Ami 8, banalisée par rapport à l'Ami 6, est ici en compagnie d'une autre icône de la vie française : le Solex !

La fourgonnette Acadiane basée sur la Dyane a très vite chassé des tarifs la 2 CV fourgonnette.

Dérivée de la Dyane, la Méhari est restée plus emblématique de son époque… malgré un lancement malencontreusement prévu en mai 1968 dans un environnement récréatif !

Citroën aimerait récupérer
pour sa nouvelle Dyane
la clientèle jeune et dissipée
qui s'est éloignée de la 2 CV.

Une trace de la civilisation européenne retrouvée en Afrique par Sory Santé.

MOTORISER LE TIERS-MONDE

Dans certaines régions du monde, la 2 CV paraît encore trop sophistiquée. Tandis que les pays industrialisés connaissent un essor économique insolent, une autre partie de la planète échappe au progrès et constitue ce que l'économiste et sociologue Alfred Sauvy a nommé le tiers-monde en 1952.

Les pays en voie de développement se trouvent principalement sur les continents asiatique et africain, des régions auxquelles les constructeurs automobiles, soucieux de rentabilité, ne proposent pas de produits adaptés à leurs conditions. Dans ces pays, le parc automobile est essentiellement constitué de deux-roues, de véhicules utilitaires ou de moyens de transport en commun. En 1972, un mouvement a l'ambition de remédier à cette situation. Les trois grands groupes américains, rejoints par Volkswagen et par plusieurs constructeurs japonais, lancent une catégorie de véhicules rudimentaires qui répondent aux besoins spécifiques des populations du tiers-monde. Nommés Basic Transportation Vehicles (BTV), ils doivent être faciles à produire, à entretenir et à réparer. Ils sont équipés de mécaniques simples et éprouvées et leurs carrosseries ne comportent que des panneaux plans et des éléments en tôle pliée qui se passent d'emboutissage. Ces engins polyvalents sont capables de transporter des marchandises, des hommes ou des animaux. General Motors et Ford sont les premiers à se lancer dans l'aventure, en 1972. Ils sont suivis par Chrysler, Volkswagen, Mitsubishi, Nissan et Toyota.

La production et la diffusion des premiers BTV débutent aux Philippines, où l'on imagine qu'ils pourraient remplacer les Jeepneys, ces taxis collectifs élaborés à partir des Jeep abandonnées par les troupes du général MacArthur, décorés de dessins naïfs et d'accessoires chromés. Dans les années qui suivent, les mêmes BTV sont fabriqués en Thaïlande, au Mexique et au Portugal. Mais nulle part le public n'adhère à ce moyen de locomotion. Fières, les

Née en Côte d'Ivoire, la Baby-Brousse a connu un succès certain en Afrique.

Une création on ne peut plus simpliste et néanmoins à l'abri des intempéries, réalisée au Viêt Nam sous le nom de Dalat.

La FAF a été développée chez Citroën en plusieurs versions et notamment sous la forme d'une berline aux formes très simples.

clientèles du tiers-monde rejettent ces engins simplistes et dévalorisants, car elles aspirent à des véhicules aussi gratifiants que ceux des pays riches. Ils veulent accéder à une modernité et un statut que saura leur offrir l'industrie japonaise avec ses pick-up plus flatteurs.

Citroën apporte sa contribution au mouvement par l'entremise de ses importateurs ou de ses filiales. Dès le début des années 1970, des véhicules utilitaires, basés sur la mécanique de la 2 CV et munis de carrosseries simplifiées, sont élaborés par les partenaires de Citroën sur tous les continents. Sachant que les régions les plus déshéritées ont besoin de frugalité, un artisan français installé dans un village perdu dans la savane ivoirienne a l'idée de déshabiller une 2 CV et de la bricoler. L'existence de ce projet empirique arrive aux oreilles des patrons de la Compagnie industrielle et commerciale d'Afrique (CICA) qui se charge de distribuer les Citroën en Haute-Volta et en Côte d'Ivoire. Ils reprennent l'idée à leur compte et présentent en 1963, dans une foire locale, le prototype d'un pick-up qui sera vite connu sous le nom de Baby-Brousse. La fabrication en petite série est confiée aux Ateliers et Forges de l'Ébrié à Abidjan. En 1969, Citroën récupère les droits pour la construction et la diffusion de la Baby-Brousse. Elle sera produite en Côte d'Ivoire pendant une dizaine d'années avec un succès appréciable (1 320 exemplaires entre 1970 et 1978).

Au Viêtnam et ailleurs

La Baby-Brousse fait des émules sous d'autres latitudes. En octobre 1970, la société vietnamienne Xe Hoi Citroën Cong Ty, basée à Saïgon, se propose de constituer une gamme complète à partir du concept de la Baby-Brousse et de la commercialiser sous le nom de Dalat, la grande ville du centre du pays. Outre le pick-up de base, à deux places, il existe ici une variante tôlée, surélevée et rallongée pour le transport de personnes, et une berline à quatre portes. Même sous cette forme moins utilitaire, la Dalat conserve une carrosserie taillée à coups de serpe, composée de pièces non embouties. La Dalat traverse la guerre qui oppose le Viêt Nam du Nord, communiste, au Sud, allié aux Américains, mais elle ne survit pas aux accords de paix signés à Paris en janvier 1973. Citroën se désengage du pays après la fabrication de 3 880 exemplaires de la Dalat.

La Baby-Brousse inspire aussi la société NAMCO en Grèce, qui conclut un accord avec Citroën en 1973 et assure pendant près de dix ans la fabrication de la Pony (16 680 exemplaires entre 1974 et 1983). Le même concept est repris pour la Yagan au Chili (650 exemplaires entre 1972 et 1974) et surtout par la SAIPAC (Société anonyme iranienne de production des automobiles Citroën), qui fabrique la Baby-Brousse près de Téhéran sous le nom de Jiane Méhari (9 315 exemplaires entre 1970 et 1979).

Après avoir laissé à ses représentants locaux le soin de concevoir des produits adaptés à leur terroir, Citroën développe son propre projet. Baptisé FAF (facile à fabriquer et facile à financer), il est présenté à la Foire de Dakar, organisée en novembre 1978. La FAF repose sur la plate-forme de la 2 CV et peut être déclinée en quatre variantes : break quatre portes, fourgonnette tôlée, pick-up bâché et véhicule de patrouille pour les militaires.

Finalement, peu d'exemplaires sont fabriqués au Sénégal (une quinzaine d'unités seulement) et c'est l'usine de Mangualde, au Portugal, qui s'avère la plus prolifique avec 631 exemplaires. Partout dans le monde, la FAF ne rencontre qu'un succès d'estime. Sa production se limite à des petites séries assemblées en Indonésie (PT Alun), en Guinée-Bissau (Empresa Guinoense de Automoveis) et en République centrafricaine. En mars 1979, la FAF sert de base au développement d'un véhicule tout-terrain destiné à l'armée française : la A 4x4 reprend la transmission intégrale expérimentée sur la Méhari et bénéficie d'un moteur de 652 cm^3. Malgré ces aménagements, les militaires ne craquent pas pour cette voiture légère et agile.

À partir de la FAF, Citroën a élaboré le modèle A à l'attention de l'armée française… qui ne l'a pas retenu.

« LES CLIENTÈLES DU TIERS-MONDE REJETTENT LES ENGINS SIMPLISTES ET DÉVALORISANTS, CAR ELLES ASPIRENT À DES VÉHICULES AUSSI GRATIFIANTS QUE CEUX DES PAYS RICHES »

Entre 1970 et 1973, la société Citroën Xe Ho'i Cong Ty installée à Saïgon (aujourd'hui Ho Chi Minh Ville) a développé une gamme diversifiée pour le marché vietnamien. Ces modèles spécifiques sont vendus sous l'enseigne de Dalat, reprenant le nom d'une cité - Đà Lạt - située sur les hauts plateaux du sud. La première version se présente sous la forme d'un pick-up très dépouillé, une sorte de Méhari mais fabriquée en tôle d'acier.
La Dalat est parfois couverte d'une toile (photo de droite), mais au fil des années, la Dalat revêt des carrosseries plus confortables, dotées de portes et d'un toit en tôle. Ces variantes sont destinées à transporter plusieurs passagers dans le compartiment arrière (ci-dessus).
Citroën Xe Ho'i Cong Ty propose aussi de vraies berlines à quatre portes (voir page précédente).

EP:7884

LE GOÛT DE L'AVENTURE

Jacques Wolgensinger est une figure capitale dans l'histoire moderne de Citroën. Ce fin lettré, diplômé de Sciences Po, a été l'inoubliable directeur de l'information et des relations publiques de la marque. Il est l'auteur de plusieurs ouvrages qui font autorité sur l'histoire de la marque, notamment une biographie d'André Citroën (Flammarion, 1991) et le récit palpitant des grandes croisières : *L'aventure de la Croisière Noire* (Robert Laffont, 2002) et *L'épopée de la Croisière Jaune* (Robert Laffont, 1989).

Cet homme qui a consacré sa vie à mettre en valeur le double chevron entend donner une dernière impulsion à la 2 CV. Il n'ignore pas que les jeunes entretiennent une relation passionnelle avec la 2 CV. Pour satisfaire leur envie de découverte, Jacques Wolgensinger imagine des grands raids qui rappellent les croisières de l'entre-deux-guerres : Traversée du Sahara (1922-1923), Croisière Noire (1924), Croisière Jaune (1931-1932), expédition Antarctique (1933-1934) et Croisière Blanche (1934). Un formidable raid réservé aux jeunes de dix-huit à trente ans se déroule entre Paris et Kaboul du 1er au 29 août 1970. L'initiative rencontre un succès inattendu avec 5 000 candidats pour seulement 1 300 places ! Finalement, ce sont près de cinq cents équipages chevauchant des modèles de la famille des bicylindres (2 CV, Dyane et Méhari) qui s'élancent de Paris pour un itinéraire de 16 500 kilomètres à travers sept pays : France, Italie, Yougoslavie, Bulgarie, Turquie, Iran et Afghanistan.

Nouvelle aventure en direction de l'Orient avec le raid entre Paris et Persépolis en Iran, organisé en 1971.

Le premier des raids ouverts aux 2 CV et à leurs dérivés effectue la liaison Paris-Kaboul.

Contrairement aux deux raids vers le Proche Orient, le raid Afrique est organisé sur des bases plus professionnelles.

Le raid Afrique entend ressusciter l'esprit de la Croisière Noire et de la Traversée du Sahara qui s'étaient déroulées au cours des années 1920.

La réussite de cette aventure encourage la direction de la communication de Citroën à renouveler l'expérience. Un nouveau raid est mis sur pied entre le 31 juillet et le 30 août 1971 ; direction : Persépolis en Iran et retour à Paris pour 13 500 km d'expériences inoubliables. Ce ne sont pas moins de 567 équipages qui s'élancent de Rungis, dans la banlieue parisienne.

Cap sur l'Afrique

Après une année sabbatique en 1972, Citroën change de continent. Cette fois, entre le 26 octobre et le 30 novembre, le Raid Afrique, qui rend hommage à l'expédition Centre-Afrique de 1924, revêt un caractère plus professionnel que les deux précédents raids. Il est limité à soixante voitures rassemblant une centaine de participants qui doivent réunir des compétences spécifiques. On trouve des médecins, des journalistes, des photographes ou encore des mécaniciens. Les 2 CV du Raid Afrique sont des modèles « PO » aménagés pour les territoires d'outre-mer avec un blindage protégeant la mécanique, le montage d'un réservoir de grande capacité portant l'autonomie à plus de 1 000 km, l'équipement de pneumatiques de 145 x 380 et d'un éclairage plus conséquent. Elles vont rouler par petits groupes, suivies par un avion et escortées par des camions chargés de matériel et de vivres.

Les 2 CV qui participent au Raid Afrique sont basées sur le modèle PO destiné aux marchés d'outre-mer.

Partis d'Abidjan, les aventuriers remontent vers Marseille via la Côte d'Ivoire, la Haute-Volta, le Niger, l'Algérie et la Tunisie avec au menu la traversée des déserts du Ténéré et du Hoggar. Huit mille kilomètres qui font passer le convoi par Ouagadougou, Agadès, Tamanrasset, Touggourt, Kairouan…

À travers ces trois voyages, la 2 CV s'est façonné une image d'aventurière. D'ailleurs, un kit « Aventure » qui s'adresse aux amateurs de longues randonnées sera proposé au catalogue des options.

La 2 CV n'en a pas fini avec les échappées et avec les surprises. Après avoir prouvé qu'elle était une infatigable baroudeuse, elle va se révéler sportive ! Les 22 et 23 juillet 1972, se déroule à Péchereau, près d'Argenton-sur-Creuse, une épreuve nommée « Pop Cross ». Un essaim de 2 CV allégées se crêpent le chignon sur des circuits en terre, elles font des bonds, se poussent du coude, se cognent… L'initiateur de cette course n'est autre que Jacques Wolgensinger, déjà à l'origine des raids de 1970 et 1971. Ainsi naît le « 2 CV Cross », qui chaque année va opposer quelques dizaines de fous furieux au sein d'un vrai championnat de France puis dans le cadre d'un championnat international !

Les aventuriers du dimanche peuvent se procurer un kit « Aventure » pour transformer leur 2 CV en baroudeuse.

Et soudain la 2 CV devint une rageuse sportive sous la bannière du 2 CV Cross international.

129
CIBIE

Le championnat de 2 CV Cross a donné lieu à des compétitions particulièrement animées !

LES ANNÉES QUATRE-VINGT

LA FIN D'UNE ÉPOQUE

La 2 CV est certes devenue un épiphénomène, hors du temps, mais elle n'est pas éternelle. Dans les années 1980, elle ne répond plus aux normes en vigueur, ni en matière de sécurité ni pour la protection de l'environnement.
La 2 CV s'est marginalisée. Son public se recrute désormais auprès des nostalgiques, des rebelles et de ceux qui sont indifférents à l'automobile.
Le temps de l'esquive est venu, mais la 2 CV va laisser derrière elle le dilemme insoluble de son remplacement.

La série Dolly est diffusée dans toute l'Europe, dans toutes les classes de la société, ce qui n'échappe pas au photographe Martin Parr.

LE CHOIX DE LA MARGINALITÉ

La 2 CV est en fin de vie. Plus l'issue approche, plus elle semble irremplaçable. D'ailleurs, le groupe PSA qui est propriétaire de Citroën depuis 1976 ne lui a pas prévu de descendance. Il lui substitue d'autres solutions mieux adaptées au monde qui change. Au fil des années, la 2 CV a visé de nouvelles cibles. Elle s'adresse désormais à un public plus urbain, plus jeune, plus féminin, plus éduqué, mais aussi plus revendicatif. La 2 CV cultive la délectable idée d'une dérision de la sophistication. Dorénavant, la publicité s'adresse principalement à cette frange du public en exaltant la dimension nostalgique et sentimentale de la 2 CV.

La période est tourmentée pour l'industrie automobile. Le deuxième choc pétrolier qui survient en septembre 1980 cause de nouveaux remous, bien que la crise elle-même soit vite résorbée grâce à l'exploitation de nouveaux gisements en Alaska et en mer du Nord. Les pays de l'OPEP, qui détenaient la moitié des ressources mondiales, n'en possèdent bientôt plus que le tiers et perdent ainsi leur influence. Au-delà de la question énergétique, l'automobile doit affronter des nouvelles mises en demeure. À l'aune des menaces énergétiques, la conscience écologique gagne du terrain dans les mentalités comme sur l'échiquier politique. Le parti des *Grünen* (les Verts allemands) entre au Bundestag au début des années 1980. Les constructeurs sont sommés d'économiser l'or noir par tous les moyens. Chez Citroën, le programme ECO 2000 (1982-1984) a pour objectif d'abaisser la consommation à 3 litres aux 100 km grâce à ses formes aérodynamiques caricaturales. Ces prototypes futuristes se trouvent à des années-lumière de la vénérable 2 CV !

Pourtant, Citroën ne lâche pas son icône et s'emploie encore à la gratifier de quelques améliorations. Une variante de la 2 CV Spécial apparaît en juin 1981 agrémentée de la lettre « E », ce qui suggère – signe des temps – l'économie. Elle dispose d'un embrayage dit « centrifuge » auquel n'ont pas droit les autres modèles et qui permet d'abaisser la consommation de 6,8 à 5,8 litres.

La clientèle des voitures populaires réclame de plus en plus une polyvalence qui a été généralisée grâce aux carrosseries bicorps à hayon, lancées par les nouvelles coqueluches du marché que sont la Volkswagen Golf ou la Renault 5. Modestement, Citroën propose à partir de juillet 1983 une option « agrandissement de porte de malle », qui consiste dans le montage d'un hayon englobant la lunette arrière, ce qui revient à ressusciter la transformation effectuée autrefois par ENAC.

Désormais, c'est une histoire d'amour qui lie la 2 CV à ses inconditionnels, comme l'affirme un prospectus de 1983.

Dans tous les pays industrialisés, le choc pétrolier de 1979-1980 impose de nouvelles restrictions de consommation.

La production de la 2 CV dans l'usine de Levallois-Perret dans la banlieue parisienne cesse en février 1988.

La prise de conscience des menaces qui pèsent sur l'environnement va être portée par l'influence grandissante des partis écologistes.

Citroën développe la petite Eco 2000 pour optimiser la consommation.

Malgré les divers aménagements apportés à la gamme, la diffusion de la 2 CV s'essouffle inexorablement. Le 25 février 1988, la toute dernière 2 CV produite en France, une « Charleston » peinte en deux tons de gris et porteuse du numéro de série « 00KA302.493 », tombe des chaînes de Levallois-Perret. La vieille usine de la banlieue parisienne est devenue elle-même archaïque. Précédemment utilisée par le constructeur Adolphe Clément, elle avait été exploitée par André Citroën dès le lendemain de la Première Guerre mondiale.

ENVIE DE PERSONNALISATION

Dans les années 1980, la société brasse les thèmes du cocooning, de la convivialité et de l'individualisme, des valeurs contradictoires qui conduisent à un éclatement de la demande. Pour satisfaire toutes les mouvances, l'industrie automobile multiplie les « niches » du marché.

La consommation change de nature à l'aune de la diversification socioculturelle. Le chercheur Bernard Cathelat met en évidence la segmentation de la société et la démultiplication des sociostyles. La 2 CV trouve sa place dans ce paysage ouvert à tous les anticonformismes. Le sociologue constate que la catégorie des dilettantes « donne la priorité aux consommations d'évasion et de loisirs par les voyages ». Son confrère Gérard Mermet précise que « le loisir est reconnu comme activité sociale majeure [...]. Le principe de réjouissance est devenu prioritaire par rapport à celui de réalité. Le mythe du voyage se développe. Le contenu symbolique du mot est très fort. On peut, au sens propre, changer de lieu, d'identité, d'activité, d'habitudes, bref de vie ». La promotion de la 2 CV en fin de vie surfe sans réserve la vague de l'évasion, de la liberté et de la différence.

La tendance à l'individualisme traduit un refus d'intégration sociale et une remise en cause de la production de masse. Elle engendre des comportements d'achat inédits auxquels l'automobile répond en proposant des produits diversifiés, en créant des mutants qui mélangent les genres et s'éloignent des contingences utilitaristes pour flirter avec l'univers récréatif. Les premiers monospaces et les SUV (*sports-utility vehicles*) naissent de ces croisements.

Ce climat est une aubaine pour la 2 CV, qui par nature exalte un sentiment de liberté mâtinée de rébellion. Pour répondre un peu plus à la demande de personnalisation, Citroën exploite le filon des « séries spéciales ». Elles reposent sur une idée simple : il s'agit de commercialiser en quantité limitée un produit qui semble avoir été concocté sur mesure pour se démarquer de la production de masse. Citroën use à l'envi de cet artifice de marketing qui permet de maintenir l'appétence pour un modèle hors d'âge. Dès avril 1976, est proposée la série « 2 CV Spot » parée d'une robe décorée de motifs orange sur un fond blanc.

En octobre 1980 apparaît le phénomène « Charleston ». Cette fois, la 2 CV n'essaie plus de gommer son âge ; elle joue au contraire la carte du postmodernisme. Pour Charles Jencks, critique et théoricien du mouvement, le postmodernisme réagit contre les excès du purisme, de l'internationalisme et du fonctionnalisme. Il s'exprime d'abord dans l'architecture avec des personnalités comme Ricardo Bofill, qui couvre ses constructions de citations antiques ou baroques. Puis plusieurs designers s'emparent du procédé pour dessiner des objets de la vie quotidienne en se repliant sur les valeurs rassurantes du passé, avec humour, dérision et parfois subversion.

L'architecture lance le mouvement postmoderne avec des personnalités comme Ricardo Bofill.

L'évasion et la liberté sont plus que jamais les valeurs défendues par la communication de Citroën pour le millésime 1985.

La première série spéciale à laquelle donne naissance la 2 CV est la Spot.

La variante Charleston relance l'intérêt pour la 2 CV.

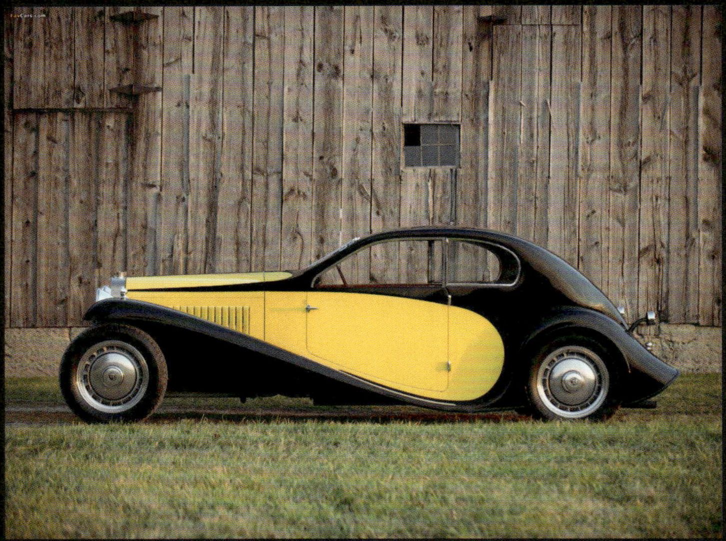

Le dessin de la Bugatti 46 a inspiré le traitement des coloris sur la 2 CV Charleston.

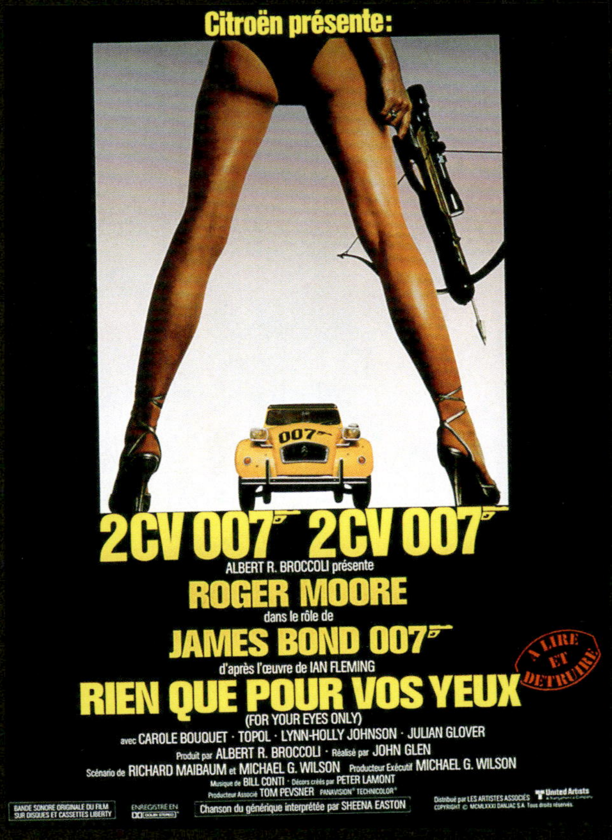

La sortie du film *Rien que pour vos yeux* est accompagnée par le lancement de la série spéciale 007.

La 2 CV Charleston est peinte en deux tons, à l'origine noir et bordeaux, qui sont délimités par une grande arabesque évoquant les carrosseries des années 1930, notamment celles de certaines Bugatti. La série initiale limitée à 8 000 exemplaires remporte un tel succès que la Charleston est intégrée au programme régulier pour le millésime 1982. Après quoi, elle sera proposée dans de nouvelles harmonies : jaune et noir puis gris cormoran et gris nocturne.

Plus marginale, la série spéciale « 007 » est lancée en octobre 1981 en même temps que le film *Rien que pour vos yeux* (*For your eyes only*), douzième opus de la série des James Bond, avec Carole Bouquet et Roger Moore. Pour l'occasion, la carrosserie jaune vif est criblée d'impacts de balles !

En avril 1983, apparaît la série « France 3 », décorée d'arabesques bleues sur fond blanc pour rendre hommage à l'engagement français dans la Coupe de l'America. Deux ans plus tard, Dolly s'adresse à une clientèle plus féminine avec une palette de coloris élargie. Enfin, la 2 CV prépare sa sortie en faisant vibrer la corde patriotique. En juillet 1986, la série « Cocorico » pose dans une livrée tricolore devant la silhouette rassurante et nostalgique d'un village bien français. Cocorico !

La série France 3 rend hommage à l'engagement français dans la Coupe de l'America.

> « LA TENDANCE À L'INDIVIDUALISME TRADUIT UN REFUS D'INTÉGRATION SOCIALE ET UNE REMISE EN CAUSE DE LA PRODUCTION DE MASSE »

Un village, un clocher, la campagne française tranquille et rassurante sert d'écrin aux ultimes 2 CV. Cocorico !

2CV cocorico

UN MONDE GLOBALISÉ

Très tôt, les groupes industriels américains ont implanté des antennes en Allemagne, en Grande-Bretagne, au Canada et en Australie pour y fabriquer des produits destinés à être commercialisés sur tous les continents. Ford et General Motors y ont pris position dès l'aube du XXe siècle et ils ont développé au fil des décennies des modèles spécifiquement adaptés aux attentes des consommateurs locaux. Dans les années 1980, la mondialisation s'accélère avec de nouvelles motivations et ne se limite plus à l'implication américaine. La globalisation concerne aussi, dorénavant, les entreprises européennes et japonaises qui cherchent à délocaliser leurs unités de production loin de leurs bases, dans les pays où la main-d'œuvre est moins chère que chez eux.

C'est ainsi qu'en Europe on voit s'implanter de nombreuses usines en ex-Yougoslavie, en Espagne et au Portugal. Pour fabriquer la Fiesta, sa première citadine, à partir d'octobre 1976, Ford choisit le site d'Almussafes à côté de Valence. Huit ans plus tard, Opel (alors filiale européenne de GM) entreprend la production de sa petite Corsa dans une usine érigée à Saragosse. Les Français aussi prennent position dans la péninsule Ibérique. Citroën délocalise au Portugal la fabrication de la 2 CV après la désaffection de l'usine de Levallois-Perret. La vie de la 2 CV se prolongera jusqu'au 27 juillet 1990 loin de sa terre natale, dans l'usine de Mangualde qui a été implantée dans l'intérieur du pays, près de Viseu. Ici naissent 19 077 voitures en 1989 et 9 954 l'année suivante.

Une variante baptisée 2 CV CT est fabriquée dans l'unité de production de Vigo en Espagne.

La 2 CV Charleston sait se montrer très élégante dans sa livrée en deux nuances de gris.

2CV6·CT

ICÔNE DE LA CULTURE POPULAIRE

Il ne pouvait pas en être autrement. La 2 CV appartenant à l'imagerie populaire de la France, elle se devait de figurer dans l'art de son temps, fût-ce en filigrane.

Dans ces années 1980, le pop art né au cours des décennies précédentes n'a pas fini d'observer ses contemporains. Il a même donné naissance à plusieurs mouvements qui eux aussi tournent le dos à l'abstraction. Le mouvement hyperréaliste décrit la banalité quotidienne par des procédés qui confinent au vérisme absolu. L'académisme sème le trouble, s'attarde dans les milieux urbains ou suburbains, rôde dans les parkings, éclaire de néons les banlieues glauques. Les artistes s'emparent de la société de consommation, de ses objets, de ses icônes, de ses déchets. Abandonnée derrière une grille, réfléchie dans une vitrine, ou garée en arrière-plan d'un pique-nique, la voiture fait partie du décor d'une société de consommation qui produit les outils de sa propre perte.

En France, les apôtres du Nouveau réalisme et de la Figuration narrative rassemblent des artistes venus de toute l'Europe. Erró, Bernard Rancillac, Peter Klasen, Peter Stämpfli, Jacques Monory, Gérard Fromanger, Gérard Schlosser et quelques autres racontent leur contemporanéité avec pragmatisme. Ils décodent les « mythologies quotidiennes » dans la perspective d'une critique sociale forte et incisive dénonçant les aliénations de la vie contemporaine.

Gérard Schlosser peint la vie ordinaire, les amis, les flirts, les gens simples et les voitures populaires. Forcément, la 2 CV appartient à son registre. Elle apparaît dans le coin d'une scène, masquée par la courbe d'un sein, l'ourlet d'une jupe ou le plissé d'un pull. Couleurs douces et réalisme photographique fixent ces instants de petit bonheur et de grande mélancolie.

Avec un dénuement qui n'a rien de politique, Bernard Buffet présente une série de portraits d'automobiles. Elles sont le sujet central d'un ensemble de toiles réalisées en 1985. Dans ce catalogue très varié, qui s'étend de Morgan à Rolls-Royce, la 2 CV tient son rang. Ses formes géométriques s'accommodent bien de l'expressionnisme caractéristique de l'artiste, structuré par d'épais contours noirs.

Un autre artiste a été fasciné plus que tous ses confrères par la 2 CV. Le Japonais Kojiro Imamura a voué un culte monomaniaque à l'icône française, échafaudant tout un univers autour d'elle. Les peintures de Imamura sont délicieusement naïves, colorées, concentrées dans un monde rêvé où pullulent les 2 CV de toutes formes, toutes couleurs, côtoyant une faune imaginaire et une flore exubérante dans un monde évanescent...

Les services de publicité et de communication de Citroën ont eux-mêmes souvent fait appel au talent de grandes signatures. Après avoir illustré les ouvrages de Jacques Prévert, Raymond Queneau ou Boris Vian, André François devient un collaborateur régulier de Citroën. Il observe les produits du double chevron avec une distance qui lui permet de magnifiques échappées poétiques dans ses affiches.
Pour les besoins de la promotion, la 2 CV a fait des incursions dans le monde de Tintin, de Gil Jourdan ou de Boule et Bill. Et moult dessinateurs, de Plantu à Sempé, ont glissé des 2 CV dans leurs visions satiriques. Une manière d'ancrer définitivement la 2 CV dans l'inconscient collectif des Français.

Quel message se cache derrière cette image de Kojiro Imamura aussi naïve que surréaliste ?

Courtesy of Studio2CV
www.kojiroimamura.com

REMPLACER LA 2 CV

La question du remplacement de la 2 CV ne cesse de hanter les têtes pensantes de la direction commerciale et du bureau d'études de Citroën. Faut-il couper les ponts avec le passé en créant un véhicule radicalement différent de la 2 CV ? Ou bien doit-on s'inscrire dans sa continuité en actualisant le concept existant ? Cette deuxième solution a été expérimentée avec la Dyane ; sans succès.

Dans le huis clos des studios de style, une multitude de dessins sont esquissés par les stylistes tout au long de la carrière de la 2 CV, depuis les années 1950 jusqu'aux années 1980. Quelques-uns de ces projets dépassent le stade de l'intention et de l'esquisse et font l'objet de la réalisation de maquettes à l'échelle 1:1, voire de prototypes opérationnels.

C'est le cas du programme « C » qui démarre en 1953. Il est révolutionnaire à tous égards, selon une attitude provocatrice défendue par André Lefebvre. Ancien élève de l'École supérieure d'aéronautique et de constructions mécaniques (dite « Supaero »), il a longtemps travaillé auprès de Gabriel Voisin, avionneur repenti, avant d'entrer chez Citroën en 1933. André Lefebvre est à l'origine des précédentes ruptures technologiques osées par Citroën, de la Traction Avant à la DS 19, en passant par la 2 CV. Le prototype « C », surnommé « Coccinelle » en raison de sa silhouette bulbeuse, est un véhicule monocorps aérodynamique en forme de goutte d'eau. L'usage intensif d'aluminium permet d'abaisser le poids à moins de 400 kg. Toutefois, le projet, trop radical et trop complexe à industrialiser, est abandonné.

Le prototype C10 conçu par André Lefebvre en 1953.

En 1975, le Centre Style de Citroën envisage une interprétation ironiquement luxueuse et désuète.

En 1965, un autre programme, d'une autre nature, est lancé par l'équipe de Robert Opron, devenu responsable du style de Citroën en 1964 après la disparition de Flaminio Bertoni. La G-mini répond à une approche plus résolument citadine avec sa silhouette compacte et monovolume. Dix ans plus tard, le Centre Style Citroën envisage une dérive radicalement opposée en reprenant la base de la 2 CV de série mais en accentuant son caractère antique.
Les stylistes de Citroën s'interrogent sans répit sur le thème du minimalisme. En 1984, Jean-Claude Bouvier, ancien élève de l'École des arts appliqués de Marseille, de l'école Boulle à Paris et de l'Art Center College of Design à Pasadena, travaille sur le projet Citron.

Le projet G-mini dessiné par Robert Opron en 1965.

Ce dessin de 1973 tente d'entretenir l'esprit minimaliste de la 2 CV.

La réalité sera plus pragmatique. La mainmise de PSA sur toutes les décisions de Citroën, à partir de 1976, remet en question les programmes en cours. Finalement, la future compacte de Citroën devra partager sa plate-forme avec la Peugeot 104 pour donner naissance à la Visa. Parallèlement, la société roumaine Oltcit lance un modèle bon marché qui a la même silhouette que la Visa (avec seulement deux

Le projet Citron élaboré par le designer Jean-Claude Bouvier en 1984.

> « ENFIN DU PANACHE POUR LA DEUX-PATTES QUI AVAIT VÉCU SA PRIME JEUNESSE LES ROUES DANS LA BOUE »

portes) mais une base mécanique plus simple. Commercialisée en Roumanie à partir de 1981, elle sera exportée en France un peu plus tard sous le nom d'Axel. Toutefois, elle subit un échec cuisant à cause d'un style désuet, d'une finition désastreuse et d'une fiabilité précaire.

Au Mondial de l'Automobile 2008, Citroën célèbre les soixante ans de sa 2 CV en exposant un modèle habillé par Hermès : sellerie bicolore, caisse laquée de brun, planche de bord et accessoires de voyage finis avec l'exquis savoir-faire du sellier. Enfin du panache pour la deux-pattes qui avait vécu sa prime jeunesse les roues dans la boue !

Une des nombreuses études monocorps réalisée en 1978 par Geoff Matthews.

Une 2 CV luxueusement aménagée par le sellier Hermès pour célébrer son soixantième anniversaire.

L'Axel produite en Roumanie n'était pas digne de succéder à la 2 CV.

RÉINVENTER LA 2 CV

C'est un défi comme les affectionnent les designers : réinventer un objet culte. La 2 CV est une icône du design, à l'image du couteau suisse, du presse-agrumes Juicy Salif de Starck ou de la lampe Pipistrello de Gae Aulenti. Chez Citroën, la 2 CV n'aura pas d'héritière directe, mais l'actualisation de son concept minimaliste demeure un objectif pour les créateurs des plus inventifs. En général, les chefs-d'œuvre du design n'ont pas de descendance et ce sont de tout autres schémas qui prennent le relais. C'est vrai pour la Renault 4 qui laisse sa place à la Twingo ou pour la Coccinelle qui chez Volkswagen passe le relais à la Golf.

BMW et Fiat ont choisi de ressusciter respectivement l'Austin Mini et la 500 en s'inspirant de leur style original, mais en les détournant de leurs vocations originales et en changeant leurs formats.
À l'aube des années 1980, on est en droit de se demander s'il existe encore un marché pour une automobile minimaliste. Fiat répond avec la Panda, dévoilée au Salon de Turin en avril 1980. Elle est rudimentaire à tous égards. Le style est dépouillé, sans fioritures, avec des surfaces simples à usiner et des vitres plates, un aménagement intérieur simpliste avec ses sièges démontables, tubulaires et tendus de tissu synthétique lavable. La planche de bord se résume à un large vide-poches, lui aussi réalisé en toile, avec le cendrier arrimé sur le rebord. Rustique comme l'était la 2 CV, la Panda ajoute une touche d'urbanité par sa taille compactée, mais elle reste à ce jour sa seule héritière authentique.

Les projets de cette qualité sont rares. Il en existe un en Grande-Bretagne, demeuré confidentiel, qui a été conçu par William Towns, auteur de la superbe Aston Martin DBS (1967) et de la très provocante Lagonda (1978). Ce designer iconoclaste développe un modèle basique baptisé Hustler, dont le prototype est présenté en juillet 1978. Ses formes sont rythmées par des motifs simples et géométriques qui jouent sur l'infrastructure tubulaire, les vitres planes et l'absence de portières. Malheureusement, la Hustler n'est pas prise en charge par un grand constructeur et sera produite en toute petite quantité (environ 200 unités) par l'atelier Interstyl de William Towns. Elle est vendue en kit à monter soi-même.

Quarante ans plus tard, le concept sera repris sans scrupule par Philippe Starck pour son projet Volteis resté mort-né.

De temps à autre, le mythe de la voiture frugale est ressuscité. En novembre 1987, Nissan présente la Pao, aux formes résolument simplistes ; deux ans plus tard elle sera fabriquée en petite série par la Pike Factory et n'aura aucune suite.

Il faut s'y résoudre. Le rêve d'une automobile frugale s'est évanoui avec la 2 CV. N'est-ce pas le plus bel hommage que l'on peut rendre à un objet iconique ? : ne jamais être remplacé.

La géniale Hustler a été développée par William Towns, auteur par ailleurs des Aston Martin DBS et Lagonda !

La Fiat Panda est la seule véritable héritière de l'esprit de la 2 CV.

Produite en série limitée, la Nissan Pao tient un peu de la Renault 4 et de la 2 CV par ses formes simplistes.

La toute dernière 2 CV sort de l'usine de Mangualde en juillet 1990.

DERNIÈRE 2 CV

4698-WO

625 DMA 75

LA 2 CV AU FIL DES MILLÉSIMES

Cette section présente l'évolution technique et esthétique de la 2 CV au fil de ses quarante-deux années d'existence. La description se limite essentiellement aux modèles commercialisés en France et ne prend pas en compte les versions spécifiques développées pour les marchés d'exportation, les divers aménagements pratiqués par les filiales étrangères ainsi que les séries spéciales vendues localement. Les extrapolations telles que la Dyane, la Méhari ou la FAF ne sont pas concernées.

QUARANTE-DEUX ANS D'ÉVOLUTION

Traditionnellement, sur le marché automobile français, le millésime désigne les modèles sortis entre septembre et août. Cette convention rythme donc les notices qui suivent. Le plus souvent, les nouveautés d'un millésime étaient annoncées au moment du Salon de l'Automobile de Paris qui avait lieu en octobre. Toutefois, la production des modèles d'un nouveau millésime pouvait débuter dès l'été précédant le salon !
La description des gammes en vigueur au début de chaque millésime est suivie d'un inventaire mois par mois des principales modifications apportées aux différents modèles.
Les chiffres de production de chaque année calendaire sont indiqués en fin de millésime.

1949

GAMME AU 1ER OCTOBRE 1948
2 CV A

CARACTÉRISTIQUES TECHNIQUES
Moteur 2 cylindres opposés à plat
Cylindrée 375 cm^3 (62 x 62 mm)
Puissance 9 ch à 3 500 tr/min
Transmission traction avant
Boîte de vitesses 4 rapports
Freinage freins à tambours
Suspension quatre roues indépendantes, interaction entre roues avant et roues arrière, batteurs à inertie
Direction crémaillère
Châssis plate-forme
Empattement x voies 240 x 126 x 126 cm
Dimensions (L x l x h) 378 x 148 x 160 cm
Poids 495 kg
Vitesse maximale 65 km/h

JUILLET 1949. Début de la production régulière.

PRODUCTION AU COURS DE L'ANNÉE 1949 : 723 berlines

1950

GAMME AU 1ER OCTOBRE 1949
2 CV A

MARS 1950. Changement de couleur pour les coques de phares désormais peintes en gris aluminium métallisé et non plus en noir.

PRODUCTION AU COURS DE L'ANNÉE 1950 : 6 196 berlines

1951

GAMME AU 1ER OCTOBRE 1950
2 CV A

OCTOBRE 1950. Présentation du prototype de la fourgonnette.

FÉVRIER 1951. Entrée en production de la fourgonnette (type AU) avec le remplissage du réservoir de carburant déplacé sur le côté arrière droit.

PRODUCTION AU COURS DE L'ANNÉE 1951 : 14 592 berlines + 1 696 fourgonnettes

1952

GAMME AU 1ER OCTOBRE 1951
2 CV A et 2 CV AU

JANVIER 1952. Sur la face arrière de la fourgonnette, les montants latéraux comportent désormais des médaillons emboutis.

PRODUCTION AU COURS DE L'ANNÉE 1952 : 21 124 berlines + 7 711 fourgonnettes

1953

GAMME AU 1ER OCTOBRE 1952
2 CV A et 2 CV AU

OCTOBRE 1952. Adoption sur la berline d'une nouvelle peinture gris foncé émaillée, assortie aux jantes peintes en ivoire. À l'intérieur, les sièges reçoivent un tissu à motif imprimé.

MARS 1953. Suppression de l'ovale entourant les chevrons sur la calandre. Nouveau tissu à motif écossais pour les sièges.

MAI 1953. Ouverture du capot à l'aide d'une poignée.

PRODUCTION AU COURS DE L'ANNÉE 195 : 35 361 berlines + 13 121 fourgonnettes

1954

GAMME AU 1ER OCTOBRE 1953
2 CV A et 2 CV AU

JANVIER 1954. Présentation au Salon de Bruxelles de la version produite en Belgique.

PRODUCTION AU COURS DE L'ANNÉE 1954 : 52 791 berlines + 19 197 fourgonnettes

1955

GAMME AU 1ER OCTOBRE 1954
2 CV A, 2 CV AZ, 2 CV AU et 2 CV AZU

OCTOBRE 1954. Montage sur toutes les berlines de clignotants sur le panneau de custode. La gamme s'enrichit des types AZ (berline) et AZU (fourgonnette) qui se différencient
par leur moteur porté de 375 cm^3 (62 x 62 mm) à 425 cm^3 (66 x 62 mm). La puissance passe de 9 à 12 ch à 4 000 tr/min et le couple augmente de 2,3 à 2,5 m/kg, ce qui permet de porter la vitesse maximale de 65 à 80 km/h.

OCTOBRE 1954. Montage d'un embrayage centrifuge à masselottes qui complète l'embrayage classique et facilite la conduite en ville. Grâce à ce dispositif, le moteur se trouve automatiquement débrayé au-dessous de 1 000 tr/min.

JANVIER 1955. Sur la face arrière de la fourgonnette, placement d'un feu stop sur le montant gauche.

PRODUCTION AU COURS DE L'ANNÉE 1955 : 81 170 berlines + 23 940 fourgonnettes

1956

GAMME AU 1ER OCTOBRE 1955
2 CV A, 2 CV AZ, 2 CV AU et 2 CV AZU

OCTOBRE 1955. Transfert de la production des fourgonnettes dans l'usine Panhard de la porte d'Ivry à Paris.

PRODUCTION AU COURS DE L'ANNÉE 1956 : 95 864 berlines + 23 859 fourgonnettes

1957

GAMME AU 1ER OCTOBRE 1956
2 CV A, 2 CV AZ, 2 CV AZL, 2 CV AU et 2 CV AZU

DÉCEMBRE 1956. Introduction de la version AZL qui profite d'un aménagement intérieur plus soigné et que l'on reconnaît extérieurement au montage d'une baguette en aluminium poli au centre du capot, sur les pare-chocs et en bas de caisse. Une peinture gris clair est appliquée sur les jantes et les pare-chocs. Adoption d'une lunette arrière sensiblement agrandie (26 dm^2 au lieu de 15).

JANVIER 1957. Présentation d'un projet de taxi pourvu d'un compteur, de pare-chocs élargis et d'enjoliveurs de roue. L'expérience ne sera pas menée à terme.

PRODUCTION AU COURS DE L'ANNÉE 1957 : 107 250 berlines + 31 431 fourgonnettes

1958

GAMME AU 1ER OCTOBRE 1957
2 CV A, 2 CV AZ, 2 CV AZL, 2 CV AZLP, 2 CV AU et 2 CV AZU

OCTOBRE 1957. Introduction de la version AZLP (appelée aussi AZLM) qui dispose d'une porte de malle en tôle.

MARS 1958. Présentation à la presse de la version 4x4 Sahara.

JUILLET 1958. Sur la face arrière de la fourgonnette, placement de doubles feux à gauche et à droite au bas des montants latéraux.

PRODUCTION AU COURS DE L'ANNÉE 1958 : 107 250 berlines + 31 431 fourgonnettes

1959

GAMME AU 1er OCTOBRE 1958
2 CV A, 2 CV AZ, 2 CV AZL, 2 CV AZLP, 2 CV 4x4 Sahara, 2 CV AUet 2 CV AZU

FÉVRIER 1959. Lancement à Amsterdam de la 2 CV Week-End créée par la filiale belge : une fourgonnette dotée d'une grande vitre latérale et de places arrière aménagées pour le transport de personnes.

MAI 1959. Montage d'un système de chauffage plus efficace avec une buse de dégivrage élargie à la base du pare-brise.

PRODUCTION AU COURS DE L'ANNÉE 1959 : 145 973 berlines + 50 058 fourgonnettes

1960

GAMME AU 1er OCTOBRE 1959
2 CV A, 2 CV AZ, 2 CV AZL, 2 CV AZLP, 2 CV 4x4 Sahara, 2 CV AU et 2 CV AZU

NOVEMBRE 1959. Montage de pneumatiques de 135 x 380 qui remplacent ceux de 125 x 400.

PRODUCTION AU COURS DE L'ANNÉE 1960 : 152 801 berlines + 20 4x4 Sahara + 57 724 fourgonnettes

1961

GAMME AU 1er OCTOBRE 1960
2 CV A, 2 CV AZ, 2 CV AZL, 2 CV AZLP, 2 CV 4x4 Sahara, 2 CV AU et 2 CV AZU

DÉCEMBRE 1960. Adoption d'un nouveau capot nervuré de cinq plis intégrant une calandre chromée plus basse et plus arrondie. Sur toutes les berlines et fourgonnettes, mais pas sur la Sahara.

MARS 1961. Arrêt de la production du type A

JUILLET 1961. Adoption du nouveau visage de la berline sur la fourgonnette AZU.

PRODUCTION AU COURS DE L'ANNÉE 1961 : 158 659 berlines + 274 4x4 Sahara +56 639 fourgonnettes

1962

GAMME AU 1er OCTOBRE 1961
2 CV AZ, 2 CV AZL, 2 CV AZLP, 2 CV 4x4 et 2 CV AZU

OCTOBRE 1961. Adoption d'un moteur 425 cm^3 13,5 ch pour tous les modèles.

NOVEMBRE 1961. Sur la face arrière de la fourgonnette, la traverse supérieure supportant la plaque d'immatriculation est désormais emboutie.

MARS 1962. Introduction d'un équipement sous-traité par la société ENAC de Bezons ; la transformation « Mixte » peut s'effectuer sur toutes les berlines et consiste dans le montage d'un hayon arrière, d'une banquette repliable et du déplacement de la roue de secours sous le capot.

PRODUCTION AU COURS DE L'ANNÉE 1962 : 144 759 berlines + 112 4x4 + 54 191 fourgonnettes

1963

GAMME AU 1er OCTOBRE 1962
2 CV AZ, 2 CV AZLP, 2 CV 4x4 et 2 CV AZU

OCTOBRE 1962. Disparition de la gamme du modèle AZL.

FÉVRIER 1963. Remplacement des 2 CV AZ et AZL par la AZA disposant d'un moteur alimenté par un carburateur Solex 28 CBI qui porte la puissance à 18 ch SAE (16,4 ch DIN) ; la AZA est reconnaissable à ses nouveaux pare-chocs. Disparition du modèle AZLP.

FÉVRIER 1963. Lancement de la nouvelle version AZAM mieux équipée (pare-chocs renforcés, enjoliveurs de roues, volant Quillery, sièges empruntés à l'Ami 6…) et dotée d'un moteur poussé à 18 ch.

MARS 1963. Suppression de la gamme du modèle AZLP.

AVRIL 1963. Lancement d'une nouvelle version utilitaire rallongée (type AK) avec moteur 602 cm^3 22 ch SAE et une charge utile de 350 kg.

PRODUCTION AU COURS DE L'ANNÉE 1963 : 158 035 berlines + 87 4x4 + 55 775 fourgonnettes

1964

GAMME AU 1ER OCTOBRE 1963
2 CV AZA, 2 CV AZAM, 2 CV 4x4, 2 CV AZU et 2 CV AK

MARS 1964. Adoption de nouveaux feux arrière.

PRODUCTION AU COURS DE L'ANNÉE 1964 : 167 419 berlines + 138 4x4 + 64 994 fourgonnettes

1965

GAMME AU 1ER OCTOBRE 1964
2 CV AZA, 2 CV AZAM, 2 CV 4x4, 2 CV AZU et 2 CV AK

DÉCEMBRE 1964. Changement du sens d'ouverture des portes sur tous les modèles : les charnières sont désormais placées sur le pilier de pare-brise pour une ouverture d'arrière en avant dite « dans le bon sens ».

PRODUCTION AU COURS DE L'ANNÉE 1965 : 54 023 berlines + 35 4x4 + 59 211 fourgonnettes

1966

GAMME AU 1ER OCTOBRE 1965
2 CV AZA, 2 CV AZAM, 2 CV 4x4, 2 CV AZU et 2 CV AK

OCTOBRE 1965. Montage d'une nouvelle grille de calandre à trois barrettes et débarrassée des chevrons sur tous les modèles sauf Sahara. Adoption d'une troisième vitre latérale sur les AZA et AZAM.

SEPTEMBRE 1966. Arrêt de la fabrication de la version 4x4 au terme d'une production de 693 exemplaires.

PRODUCTION AU COURS DE L'ANNÉE 1966 : 168 357 berlines + 27 4x4 + 55 817 fourgonnettes

1967

GAMME AU 1ER OCTOBRE 1966
2 CV AZA, 2 CV AZAM, 2 CV AZU et 2 CV AK

AVRIL 1967. Remplacement de la 2 CV AZAM par la 2 CV AZAM Export ; elle est reconnaissable à ses clignotants rectangulaires sur les ailes avant et les jantes peintes en blanc.

SEPTEMBRE 1967. Arrêt de la production du type AZAM Export.

PRODUCTION AU COURS DE L'ANNÉE 1967 : 98 683 berlines + 55 281 fourgonnettes

1968

GAMME AU 1ER OCTOBRE 1967
2 CV AZA, 2 CV AZU et 2 CV AK

MAI 1968. Adoption du moteur 602 cm^3 de 33 ch SAE (29 ch DIN) sur le modèle AK.

PRODUCTION AU COURS DE L'ANNÉE 1968 : 57 473 berlines + 51 545 fourgonnettes

1969

GAMME AU 1ER OCTOBRE 1968
2 CV AZA, 2 CV AZU et 2 CV AK

PRODUCTION AU COURS DE L'ANNÉE 1969 : 72 044 berlines + 53 259 fourgonnettes

1970

GAMME AU 1ER OCTOBRE 1969
2 CV AZA, 2 CV AZU et 2 CV AK

FÉVRIER 1970. Remplacement du modèle AZA par les 2 CV4 (435 cm^3 26 ch SAE) et 2 CV6 (602 cm^3 33 ch SAE). Elles sont reconnaissables à leurs blocs optiques trapézoïdaux à l'arrière.
MAI 1970. Remplacement des clignotants rectangulaires sur les ailes avant par des éléments ronds.

JUILLET 1970. Apparition de la version utilitaire AKS (ou AK 400) qui remplace la AK et qui dispose d'une charge utile de 475 kg.

PRODUCTION AU COURS DE L'ANNÉE 1970 : 121 096 berlines + 46 485 fourgonnettes

1971

GAMME AU 1ER OCTOBRE 1970
2 CV4, 2 CV6, 2 CV AZU 250 et 2 CV AK 400

OCTOBRE 1970. Les 2 CV4 et 2 CV6 du millésime 1971 se reconnaissent aux pare-chocs sur lesquels la bande centrale est maintenant grise et non plus noire. De nouveaux coloris s'ajoutent au nuancier : blanc Meije, rouge Masséna et beige érable.

NOVEMBRE 1970. Sur les 2 CV4 et AZU, montage d'amortisseurs à l'arrière entraînant la suppression des batteurs à inertie.

PRODUCTION AU COURS DE L'ANNÉE 1971 : 121 264 berlines + 62 074 fourgonnettes

1972

GAMME AU 1ER OCTOBRE 1971
2 CV4, 2 CV6, 2 CV AZU 250 et 2 CV AK 400

JANVIER 1972. Montage de ceintures de sécurité ancrées sur trois points.

PRODUCTION AU COURS DE L'ANNÉE 1972 : 133 350 berlines + 64 592 fourgonnettes

1973

GAMME AU 1ER OCTOBRE 1972
2 CV4, 2 CV6, 2 CV AZU 250 et 2 CV AK 400

OCTOBRE 1972. Montage de ceintures de sécurité aux places arrière sur les berlines.
Le durcissement des normes antipollution impose le montage d'un nouveau carburateur Solex du type 34PICS6.

OCTOBRE 1972. La fourgonnette AZU (AZU 250) partage désormais la même carrosserie que la AZS (AK 400) avec les nervures espacées sur le panneau latéral inférieur.

PRODUCTION AU COURS DE L'ANNÉE 1973 : 123 819 berlines + 68 357 fourgonnettes

1974

GAMME AU 1ER OCTOBRE 1973
2 CV4, 2 CV6, 2 CV AZU et 2 CV AK 400

OCTOBRE 1973. La fourgonnette AZU dispose désormais du même tableau de bord que les autres modèles. Sur les berlines, un logo rectangulaire est collé sur la malle arrière.

PRODUCTION AU COURS DE L'ANNÉE 1974 : 163 143 berlines + 64 325 fourgonnettes

1975

GAMME AU 1ER OCTOBRE 1974
2 CV4, 2 CV6, 2 CV AZU 250 et 2 CV AK 400
OCTOBRE 1974. Remplacement des phares ronds par des projecteurs rectangulaires sur tous les modèles et montage d'une nouvelle grille de calandre à quatre barrettes qui réintègre le double chevron.
Renforcement des pare-chocs avant et arrière désormais parcourus d'un bandeau noir.

PRODUCTION AU COURS DE L'ANNÉE 1975 : 122 542 berlines + 44 821 fourgonnettes

1976

GAMME AU 1ER OCTOBRE 1975
2 CV Spécial, 2 CV4, 2 CV6, 2 CV AZU 250 et 2 CV AK 400

OCTOBRE 1975. Introduction de la 2 CV Spécial qui marque un retour à la physionomie d'antan avec ses phares ronds, ses quatre vitres latérales, sa capote sans cadre d'ouverture et une couleur unique, le jaune vif. Tous les modèles de la gamme, les berlines comme les fourgonnettes, reçoivent une nouvelle calandre bordée de plastique gris avec une grille comportant le double chevron et quatre barrettes horizontales. La 2 CV Spécial utilise le même moteur 435 cm^3 de la 2 CV4.

OCTOBRE 1975. De son côté, la 2 CV6 adopte un volant monobranche et la puissance de son moteur est portée à 28,5 ch DIN. Sur les 2 CV4 et 2 CV6, la suspension avant reçoit des amortisseurs qui remplacent les batteurs et frotteurs.

AVRIL 1976. Lancement de la série spéciale Spot, dessinée par le styliste Serge Sevin, produite à 1 800 unités.

PRODUCTION AU COURS DE L'ANNÉE 1976 : 134 396 berlines + 54 533 fourgonnettes

1977

GAMME AU 1ER OCTOBRE 1976
2 CV Spécial, 2 CV4, 2 CV6, 2 CV AZU 250 et 2 CV AK 400

JUILLET 1977. Des ceintures de sécurité à enrouleur sont montées sur tous les modèles.

PRODUCTION AU COURS DE L'ANNÉE 1977 : 132 458 berlines + 52 721 fourgonnettes

1978

GAMME AU 1ER OCTOBRE 1977
2 CV4, 2 CV6, 2 CV AZU 250 et 2 CV AK 400

JUILLET 1978. Disparition des fourgonnettes AZU 250 et AK 400 qui sont remplacées par l'Acadiane, basée sur la Dyane.

JUILLET 1978. Apparition de la 2 CV Club qui va remplacer la 2 CV6 ; elle bénéficie d'une finition plus flatteuse et de sièges individuels à l'avant et elle conserve les mêmes phares rectangulaires que la 2 CV6.

SEPTEMBRE 1978. Arrêt de la production de la 2 CV4. Sur la 2 CV6, le bas de caisse et la calandre sont décorés d'un bandeau noir.

PRODUCTION AU COURS DE L'ANNÉE 1978 : 108 825 berlines + 12 647 fourgonnettes

1979

GAMME AU 1ER OCTOBRE 1978
2 CV Spécial et 2 CV Club

JUILLET 1979. Apparition des nouveaux modèles qui seront intégrés au programme du millésime 1980 : la 2 CV6 Spécial à moteur 602 cm^3 qui remplace la 2 CV Spécial à moteur 435 cm^3 et la 2 CV6 Club qui succédera à la 2 CV Club.

PRODUCTION AU COURS DE L'ANNÉE 1979 : 101 222 berlines + 2 535 fourgonnettes

1980

GAMME AU 1ER OCTOBRE 1979
2 CV6 Spécial et 2 CV6 Club

OCTOBRE 1979. Les 2 CV Spécial et 2 CV Club sont remplacées par les 2 CV6 Spécial et 2 CV6 Club. La 2 CV 6 Club continue de se distinguer par une finition plus soignée (garnissage des sièges en tissu rayé alors que la 2 CV6 Spécial possède un garnissage en tissu Targa noir). La version Spécial dispose de phares ronds alors que la Club conserve les optiques rectangulaires. Les deux modèles partagent le même moteur 602 cm^3 développant 33 ch. Coté couleurs, la nuance de bleu change (l'azurite remplace le myosotis) ainsi que le vert (jade au lieu de bambou), pas de changement pour le beige Nevada, le jaune mimosa et le mandarine.

PRODUCTION AU COURS DE L'ANNÉE 1980 : 89 994 berlines + 135 fourgonnettes

1981

GAMME AU 1ER OCTOBRE 1980
2 CV6 Spécial, 2 CV6 Club et 2 CV6 Charleston

OCTOBRE 1980. Lancement de la série spéciale 2 CV 6 Charleston limitée dans un premier temps à 8 000 exemplaires, basée sur la 2 CV6 Club et uniquement disponible dans l'harmonie rouge Delage et noir.

JUIN 1981. Apparition du modèle 2 CV6 Spécial E disposant d'un embrayage centrifuge en série et bénéficiant d'une consommation abaissée de 6,8 à 5,8 litres aux 100 km.

JUILLET 1981. Intégration de la Charleston à la gamme régulière qui reçoit pour l'occasion des coques de phares chromées sur le modèle Charleston.

JUILLET 1981. Adoption de freins à disque à l'avant sur tous les modèles de la gamme.

PRODUCTION AU COURS DE L'ANNÉE 1981 : 89 472 berlines + 30 fourgonnettes

1982

GAMME AU 1ER OCTOBRE 1981
2 CV6 Spécial, 2 CV6 Spécial E
2 CV6 Club, 2 CV6 Charleston
et 2 CV6 007

OCTOBRE 1981. Lancement de la série spéciale « 007 » limitée à 500 exemplaires, basée sur la 2 CV6 Spécial ; à l'occasion de la sortie du film Rien que pour vos yeux.

NOVEMBRE 1981. Disponibilité de nouvelles harmonies de couleurs pour la 2 CV6 Charleston : jaune Helios/noir et gris cormoran/gris nocturne.

PRODUCTION AU COURS DE L'ANNÉE 1982 : 86 060 berlines

1983

GAMME AU 1ER OCTOBRE 1982
2 CV6 Spécial, 2 CV6 Spécial E,
2 CV6 Club et 2 CV6 Charleston

AVRIL 1983. Lancement d'une première série spéciale « France 3 » établie sur la base de la 2 CV6 Club, limitée à 2 000 unités.

JUILLET 1983. Suppression du modèle 2 CV6 Spécial E.

PRODUCTION AU COURS DE L'ANNÉE 1983 : 59 673 berlines

1984

GAMME AU 1ER OCTOBRE 1983
2 CV6 Spécial, 2 CV6 Club et 2 CV6 Charleston

OCTOBRE 1983. Disponibilité d'une option « agrandissement de malle » avec un hayon semblable à l'ancienne variante Mixte d'ENAC.

MARS 1984. Lancement d'une deuxième série spéciale « France 3 » à nouveau limitée à 2 000 exemplaires.

PRODUCTION AU COURS DE L'ANNÉE 1984 : 54 923 berlines

1985

GAMME AU 1ER OCTOBRE 1984
2 CV6 Spécial, 2 CV6 Club et 2 CV6 Charleston

MARS 1985. Lancement de la série spéciale « Dolly » limitée à 3 000 exemplaires, dont 1 500 pour le marché français.

PRODUCTION AU COURS DE L'ANNÉE 1985 : 54 067 berlines

1986

GAMME AU 1ER OCTOBRE 1985
2 CV6 Spécial, 2 CV6 Club, 2 CV6 Charleston et 2 CV6 Dolly

OCTOBRE 1985. Lancement d'une deuxième série spéciale « Dolly » limitée à 600 unités pour la France.

JUILLET 1986. Lancement de la série spéciale « Cocorico » sur la base de la 2 CV6 Spécial.

PRODUCTION AU COURS DE L'ANNÉE 1986 : 55 663 berlines

1987

GAMME AU 1ER OCTOBRE 1986
2 CV6 Spécial, 2 CV6 Club et 2 CV6 Charleston

JUILLET 1987. Arrêt de la production de la 2 CV6 Club.

PRODUCTION AU COURS DE L'ANNÉE 1987 : 46 255 berlines

1988

GAMME AU 1ER OCTOBRE 1987
2 CV6 Spécial et 2 CV6 Charleston

OCTOBRE 1987. Montage d'un feu antibrouillard sous le pare-chocs arrière.

FÉVRIER 1988. Sortie de l'usine de Levallois-Perret (le 25 février) de la dernière 2 CV produite en France.

PRODUCTION AU COURS DE L'ANNÉE 1988 : 22 717 berlines

1989

GAMME AU 1ER OCTOBRE 1988
2 CV6 Spécial et 2 CV6 Charleston

PRODUCTION AU COURS DE L'ANNÉE 1989 : 19 077 berlines

1990

GAMME AU 1ER OCTOBRE 1989
2 CV6 Spécial et 2 CV6 Charleston

JUILLET 1990. Sortie de l'ultime 2 CV, une 2 CV6 Charleston, des chaînes de Mangualde au Portugal.

PRODUCTION AU COURS DE L'ANNÉE 1990 : 9 954 berlines

PRODUCTION TOTALE DE 1948 À 1990 : 3 867 932 berlines et 1 247 029 fourgonnettes

BIBLIOGRAPHIE

Une multitude d'ouvrages a été consacrée à la 2 CV ; il est donc empirique d'en dresser une liste exhaustive.

Toutefois, un livre s'impose par la personnalité de son auteur :
La 2 CV. Nous nous sommes tant aimés, Jacques Wolgensinger, Gallimard (1995)

Il est aussi vivement recommandé de découvrir le magazine *Citroscopie* qui régulièrement débusque des informations inédites sur tous les modèles Citroën.

Dans cette bibliographie sélective, nous retiendrons les titres suivants :

Les hommes de la 2 CV, André Lalanne, Roger Régis (2008)

Citroën 2 CV. Typologie et guide d'achat, Patrick Baraillé, Meike Bölts, Tonio Tavioni et Christian Willms, Schneider Media (2012)

2 CV Citroën, ses dérivés, Marie Christian, L'Autodrome (2014)

Citroën 2 CV sur les 5 continents, Aurélien Charle, ETAI (2017)

2 CV, le charme à la française, Atlas (2017)

Citroën 2 CV : une histoire française, Serge Bellu, EPA (2017)

Citroën 2 CV. Le guide, Fabien Sabatès, ETAI (2018)

Citroën 2 CV. 70 ans de popularité, Bernard Sara, ETAI (2018)

2 CV Citroën. 70 ans d'amour, Rogé Rémond, Riva (2018)

La Citroën 2 CV de mon père, Antoine Demetz, ETAI (2020)

Le Dictionnaire de la 2 CV en 2 tomes, Jean-Luc Chetcuti, Club des Amis de la 2 CV (2020)

COMMENT TROUVER DES CLUBS 2 CV

La 2 CV a tellement de passionnés en France et en dehors du territoire national qu'il est presque impossible de répertorier tous les clubs actifs. L'Association des 2 CV Clubs de France (A2CF) regroupe environ 125 clubs représentant plus de 4500 membres (sur les quelques 180 clubs 2 CV recensés en France) et les représente au sein du mouvement deuchiste européen et mondial : www.asso2cvclubsfrance.org/index.html

D'autres associations nationales comme le Club des Amis de la 2 CV (www.clubamis2cv.org) ou les Filles de Levallois (www.lesfillesdelevallois.net) sont à l'initiative de nombreux événements.

2217 - MC75

L'amour de la 2 CV dépasse le cadre de la France puisqu'on retrouve des clubs dans plusieurs pays d'Europe dont notamment :

BELGIQUE

2 CV club Huppel
ruudmichiels1@gmail.com
www.2cvhuppel.be

Brussels Deuche Club
infosbdc@yahoo.fr
www.brusselsdeucheclub.be

A no' deuch's (Fleurus-Belgique)
anodeuchs@gmail.com
www.sites.google.com/view/anodeuchs

Le 4As Deuche Club
4asdeucheclub@mons.be
www.4asdeucheclub.jimdofree.com

LUXEMBOURG

2 CV CLUB LËTZEBUERG a.s.b.l.
contact@2cvclub.lu
www.2cvclub.lu

SUISSE

2 CV Club Aaretal
h.p.rubitschon@aci-suisse.ch
www.amicale-citroen.ch

PAYS-BAS

2 CV Club Nederland
www.2cvclub.nl